www.ingramcontent.com/pod-product-compliance
Lightning Source LLC
LaVergne TN
LVHW010559070526
838199LV00063BA/5013
* 9 7 8 9 3 5 8 7 2 1 0 6 5 *

ہنستے مسکراتے

(تعمیر نیوز ویب پورٹل سے منتخب شدہ انشائیے)

مرتب:

مکرم نیاز

© Taemeer Publications LLC

Hanste Muskuraate *(Light Essays)*

by: Mukarram Niyaz

Edition: July '2023

Publisher & Printer:

Taemeer Publications LLC (Michigan, USA / Hyderabad, India)

ISBN 978-93-5872-106-5

مصنف یاناشر کی پیشگی اجازت کے بغیر اس کتاب کا کوئی بھی حصہ کسی بھی شکل میں بشمول ویب سائٹ پر اَپ لوڈنگ کے لیے استعمال نہ کیا جائے۔ نیز اس کتاب پر کسی بھی قسم کے تنازع کو نمٹانے کا اختیار صرف حیدرآباد (تلنگانہ) کی عدلیہ کو ہوگا۔

© تعمیر پبلی کیشنز

کتاب	:	**ہنستے مسکراتے** (منتخب انشائیے)
مرتب	:	**مکرم نیاز**
صنف	:	طنز و مزاح
ناشر	:	تعمیر پبلی کیشنز (حیدرآباد، انڈیا)
زیر اہتمام	:	تعمیر ویب ڈیولپمنٹ، حیدرآباد
سالِ اشاعت	:	۲۰۲۳ء
تعداد	:	(پرنٹ آن ڈیمانڈ)
طابع	:	تعمیر پبلی کیشنز، حیدرآباد – ۲۴
صفحات	:	۹۰
سرورق ڈیزائن	:	تعمیر ویب ڈیزائن

فہرست

	پیش لفظ	مکرم نیاز	7
(۱)	مجھے میرے دوستوں سے بچاؤ	سجاد حیدر یلدرم	9
(۲)	نعرۂ تکبیر-اللہ اکبر- (بجنگ آمد)	کرنل محمد خان	21
(۳)	غسلیات	کرشن چندر	26
(۴)	چاپلوسی	ابن صفی	32
(۵)	اسٹیج بھر گیا تو بس!	عابد معز	42
(۶)	گود گودیاں	جاوید نہال حشمی	46
(۷)	جدہ کا جغرافیہ	علیم خان فلکی	51
(۸)	نٹ کھٹ روزہ دار	نادر خان سَر گِروہ	56
(۹)	تکلف برطرف-باپ کا دن ہے آج	زبیر حسن شیخ	61
(۱۰)	یومِ مادری زبان	مبارک علی مبارکی	67
(۱۱)	ماہر بیاضیات	محمد سیف الدین	73
(۱۲)	کفن چور سے گفتگو	شیخ احمد علی	77
(۱۳)	کتاب کی واپسی	مکرم نیاز	83

انتساب

تعمیر نیوز

ویب پورٹل کے اُن معزز قارئین
کے نام
جو طنز و مزاح کے دلدادہ ہیں!

یوں قلم کشا ہوئے کہ گلستاں بنا دیا

مکرم نیاز

انشائیہ نثری ادب کی ایسی مقبول اور پسندیدہ صنف ہے جو مضمون کی مانند لگنے کے باوجود مضمون سے الگ انداز رکھتی ہے۔ انشائیہ میں انشائیہ نگار آزادانہ طور پر اپنی تحریر پیش کرتا ہے، جس میں اس کی شخصیت کا پہلو نظر آتا ہے۔ صفحۂ قرطاس پر انشائیہ نگار کے الفاظ گویا خیالات، تاثرات، مشاہدات، محاورات اور مزاحیہ استعارات کے مختلف گلہائے رنگارنگ سے سجے ہوتے ہیں۔ طنز و مزاح کے عناصر انشائیہ میں موجود ہوتے ہیں لیکن فکر و فلسفے اور مقصد کے تحت، طنز و مزاح کا انشائیہ میں ہونا ضروری اور لازمی نہیں ہے۔ ڈاکٹر وزیر آغا کہتے ہیں کہ: "انشائیہ مزاحیہ اور طنزیہ مضامین سے مختلف چیز ہے۔ اس کا مقصد نہ تو اصلاح و احوال ہے اور نہ وہ قہقہہ لگوا کر اور اندر کی فاضل اسٹیم کو خارج کر کے آپ کو آسودگی مہیا کرنے کا متمنی ہے۔"

راقم الحروف نے ۱۵/ دسمبر ۲۰۱۲ کو 'تعمیر نیوز' کا آغاز بطور نیوز پورٹل کیا تھا جسے جنوری ۲۰۱۸ء سے ایک علمی، ادبی، سماجی اور ثقافتی پورٹل میں تبدیل کیا گیا۔ تبدیلی کی بنیادی فکر یہی رہی کہ اردوداں قارئین کے ذوقِ مطالعہ میں اضافہ کی خاطر انہیں صرف خبروں تک محدود رکھنے کے بجائے اردو زبان و ادب کے اس علمی ذخیرے سے مستفید کیا جائے جس کی سائبر دنیا میں آج بھی کمی محسوس کی جاتی ہے۔ گیارہ (۱۱) سالہ طویل سفر کے

دوران 'تعمیر نیوز' نے علمی و ادبی مواد کے انتخاب اور معیار کی بر قراری کے لیے اپنا فریضہ نبھانے میں کوئی کوتاہی نہیں برتی ہے۔

انشائیہ زندگی کی سچائیوں کا ایسا بے ربط، زندگی سے بھرپور بیان ہوتا ہے جس میں لطافت، فلسفۂ حیات اور اسلوب کی دلکشی شامل ہوتی ہے۔ یہی سبب ہے کہ سائبر دنیا کے متعدد علمی، ادبی و ثقافتی ویب پورٹلس پر انشائیہ کی شمولیت کو بھی مناسب اہمیت اور جگہ دی گئی ہے۔ تعمیر نیوز نے اسی روایت کی پاسداری کرتے ہوئے قدیم و جدید انشائیوں کو شائع کرنے کا اہتمام کر رکھا ہے۔ تعمیر نیوز پر شائع شدہ انہی انشائیوں کا ایک انتخاب زیر نظر کتاب "ہنستے مسکراتے" کی شکل میں پیش خدمت ہے۔

امید ہے کہ اس کاوش کا علمی و ادبی حلقوں میں استقبال کیا جائے گا۔

مکرم نیاز

۲۰؍ اگست ۲۰۲۳ء

حیدرآباد (تلنگانہ، انڈیا)

انشائیہ: ١

مجھے میرے دوستوں سے بچاؤ

سجاد حیدر یلدرم

اور کوئی طلب ابنائے زمانہ سے نہیں
مجھ پہ احساں جو نہ کرتے تو یہ احساں ہوتا

ایک دن میں دلی کے چاندنی چوک میں سے گزر رہا تھا کہ میری نظر ایک فقیر پر پڑی جو بڑے موثر طریقے سے اپنی حالت زار لوگوں سے بیان کرتا جارہا تھا۔ دو تین منٹ کے وقفے کے بعد یہ درد سے بھری اسپیچ انہیں الفاظ اور اسی پیرائے میں دہرادی جاتی تھی۔ یہ طرز کچھ مجھے ایسا خاص معلوم ہوا کہ اس شخص کو دیکھنے اور اس کے الفاظ سننے کے لئے ٹھہر گیا۔ اس فقیر کا قد لمبا اور جسم خوب موٹا تازہ تھا اور چہرہ ایک حد تک خوبصورت تھا۔ مگر بد معاشی اور بے حیائی نے صورت مسخ کر دی تھی۔ یہ تو اس کی شکل تھی، رہی اس کی صدا، تو میں ایسا قسی القلب نہیں ہوں کہ صرف اس کا مختصر سا خلاصہ لکھ دوں۔ وہ اس قابل ہے کہ لفظ بہ لفظ لکھی جائے۔ چنانچہ وہ اسپیچ یا صدا جو کچھ کہیے، یہ تھی:

"اے بھائی مسلمانو! خدا کے لئے مجھ بدنصیب کا حال سنو۔ میں آفت کا مارا سات بچوں کا باپ ہوں۔ اب روٹیوں کا محتاج ہوں اور اپنی مصیبت ایک ایک سے کہتا ہوں۔ میں بھیک نہیں مانگتا ہوں، میں یہ چاہتا ہوں کہ اپنے وطن چلا جاؤں۔ مگر کوئی خدا کا پیارا مجھے گھر بھی نہیں پہنچاتا۔ بھائی مسلمانو! میں غریب الوطن ہوں۔ میرا کوئی دوست نہیں، اے خدا کے بندو! میری سنو، میں غریب

الوطن ہوں۔"

فقیر تو یہ کہتا ہوا اور جن پر ان کے قصے کا اثر ہوا ان سے خیرات لیتا ہوا آگے بڑھ گیا۔ لیکن میرے دل میں چند خیالات پیدا ہوئے اور میں نے اپنی حالت کا مقابلہ اس سے کیا اور مجھے خود تعجب ہوا کہ اکثر امور میں میں نے اس کو اپنے سے اچھا پایا۔ یہ صحیح ہے کہ میں کام کرتا ہوں ہوں اور وہ مفت خوری سے دن گزارتا ہے۔ نیز یہ کہ میں نے تعلیم پائی ہے، وہ جاہل ہے۔ میں اچھے لباس میں رہتا ہوں، وہ پھٹے کپڑے پہنتا ہے۔ بس یہاں تک میں اس سے بہتر ہوں آگے بڑھ کر اس کی حالت مجھ سے بدرجہا اچھی ہے۔ اس کی صحت پر مجھے رشک کرنا چاہئے، میں رات دن اسی فکر میں گزارتا ہوں اور وہ ایسے اطمینان سے بسر کرتا ہے کہ باوجود بسورنے اور رونے کی صورت بنانے کے اس کے چہرے سے بشاشت نمایاں تھی۔ بڑی دیر تک میں غور کرتا رہا کہ اس کی یہ قابل رشک حالت کس وجہ سے ہے اور آخر کار میں بظاہر اس عجیب نتیجے پر پہنچا کہ جسے وہ مصیبت خیال کرتا ہے وہی اس کے حق میں نعمت ہے۔ وہ حسرت سے کہتا ہے کہ میرا کوئی دوست نہیں، میں حسرت سے کہتا ہوں "میرے اتنے دوست ہیں، اس کا کوئی دوست نہیں۔" اگر یہ سچ ہے تو اسے مبارکباد دینی چاہئے۔

میں اپنے دل میں یہ باتیں کرتا ہوا اپنے مکان پر آیا۔ کیسا خوش قسمت آدمی ہے۔ کہتا ہے میرا کوئی دوست نہیں۔ اے خوش نصیب شخص! یہیں تو تو مجھ سے بڑھ گیا۔ لیکن کیا اس کا یہ قول صحیح بھی ہے؟ یعنی کیا اصل میں اس کا کوئی دوست نہیں جو میرے دوستوں کی طرح اسے دن بھر میں پانچ منٹ کی بھی فرصت نہ دے؟ میں اپنے مکان پر ایک مضمون لکھنے جارہا ہوں۔ مگر خبر نہیں کہ مجھے ذرا سا بھی وقت ایسا ملے گا کہ میں تخلیے میں اپنے خیالات جمع کر سکوں اور انہیں اطمینان سے قلمبند کر سکوں یا جو اسپیچ مجھے کل دینی ہے اسے سوچ سکوں۔ کیا یہ فقیر دن دہاڑے اپنا روپیہ لے جا سکتا ہے؟ اور اس کا کوئی دوست راستے میں نہ ملے گا اور یہ نہ کہے گا:

"بھائی جان دیکھو، پرانی دوستی کا واسطہ دیتا ہوں۔ مجھے اس وقت ضرورت ہے۔ تھوڑا سا

روپیہ قرض دو۔"

کیا اس کے احباب وقت بے وقت اسے دعوتوں اور جلسوں میں کھینچ کر نہیں لے جاتے؟ کیا کبھی ایسا نہیں ہوتا کہ اسے نیند کے جھونکے آرہے ہیں۔ مگر یار دوستوں کا مجمع ہے، جو قصے پر قصہ اور لطیفے پر لطیفہ کہہ رہے ہیں اور اٹھنے کا نام نہیں لیتے، کیا اسے دوستوں کے خطوں کا جواب دینا پڑتا ہے؟ کیا اس کے پیارے دوست کی تصنیف کی ہوئی کوئی کتاب نہیں جو اسے خواہ مخواہ پڑھنی پڑے اور ریویو لکھنا پڑے۔ کیا اسے احباب کی وجہ سے شور مچانا اور ہو حق کرنا نہیں پڑتا؟ کیا دوستوں کے ہاں ملاقات کو اسے جانا نہیں پڑتا اور اگر نہ جائے تو کوئی شکایت نہیں کرتا؟ ان سب باتوں سے وہ آزاد ہے تو کوئی تعجب نہیں کہ وہ ہٹا کٹا ہے اور میں نحیف و نزار ہوں۔ یا اللہ کیا اس بات پر بھی شکریہ ادا نہیں کرتا؟ خدا جانے وہ اور کون سی نعمت چاہتا ہے۔ لوگ کہیں گے کہ اس شخص کے کیسے بیہودہ خیالات ہیں۔ بغیر دوستوں کے زندگی دوبھر ہوتی ہے اور یہ ان سے بھاگتا ہے۔ مگر میں دوستوں کو برا نہیں کہتا۔ میں جانتا ہوں کہ وہ مجھے خوش کرنے کے لئے میرے پاس آتے ہیں۔ اور میرے خیر طلب ہیں۔ مگر عملی نتیجہ یہ ہے کہ احباب کا ارادہ ہوتا ہے مجھے فائدہ پہنچانے کا۔ اور ہو جاتا ہے مجھے نقصان۔ چاہے مجھ پر نفریں کی جائے۔ مگر میں یہ کہے بغیر نہیں رہ سکتا کہ آج تک میرے سامنے کوئی یہ نہیں ثابت کر سکا کہ احباب کا ایک جم غیر رکھنے اور شناسائی کے دائرے کو وسیع کرنے سے کیا فائدہ ہے؟ میں تو یہاں تک کہتا ہوں کہ اگر دنیا میں کچھ کام کرنا ہے اور باتوں ہی باتوں میں عمر نہیں گزارنی ہے تو بعض نہایت عزیز دوستوں کو چھوڑنا پڑے گا۔ چاہے اس سے میرے دل پر کتنا ہی صدمہ ہو۔"

مثلاً میرے ایک دوست احمد مرزا ہیں جنہیں میں بھڑ بھڑیا دوست کہتا ہوں۔ یہ نہایت معقول آدمی ہیں اور میری ان کی دوستی نہایت پرانی اور بے تکلفی کی ہے۔ مگر حضرت کی خلقت میں یہ داخل ہے کہ دو منٹ نچلا نہیں بیٹھا جاتا۔ جب آئیں گے شور مچاتے ہوئے چیزوں کو الٹ پلٹ کرتے ہوئے۔ غرض کہ ان کا آنا بھونچال سے کم نہیں ہے۔ جب وہ آتے ہیں تو میں کہتا ہوں "کوئی

آرہا ہے قیامت نہیں ہے۔" ان کے آنے کی مجھے دور سے خبر ہو جاتی ہے۔ باوجودیکہ میرے لکھنے پڑھنے کا کمرہ چھت پر ہے۔ اگر میرا نوکر کہتا ہے کہ "میاں اس وقت کام میں مشغول ہیں" تو وہ فوراً چیخنا شروع کر دیتے ہیں کہ کم بخت کو اپنی صحت کا بھی تو کچھ خیال نہیں۔ نوکر کی طرف مخاطب ہو کر)خیراتی! کب سے کام کر رہے ہیں؟ بڑی دیر سے! توبہ توبہ!! اچھا بس ایک منٹ ان کے پاس بیٹھوں گا۔ مجھے خود جانا ہے، چھت پر ہوں گے نا؟ میں پہلے ہی سمجھتا تھا۔"

یہ کہتے ہوئے اوپر آتے ہیں اور دروازے کو اس زور سے کھولتے ہیں کہ گویا کوئی گولہ آکے لگا۔ (آج تک انہوں نے دروازہ کھٹکھٹایا نہیں) اور آندھی کی طرح داخل ہوتے ہیں۔

"ہاہاہا! آخر تمہیں میں نے پکڑ لیا مگر دیکھو دیکھو میری وجہ سے اپنا لکھنا بند مت کرو۔ میں ہرج کرنے نہیں آیا۔ خدا کی پناہ! کس قدر لکھ ڈالا ہے، کہو طبیعت تو اچھی ہے، میں تو صرف یہ پوچھنے آیا تھا۔ واللہ مجھے کس قدر خوشی ہوتی ہے کہ میرے دوستوں میں ایک شخص ایسا ہے جو مضمون نگار کے لقب سے پکارا جاسکتا ہے۔ لو اب جاتا ہوں میں بیٹھوں گا نہیں۔ ایک منٹ نہیں ٹھہرنے کا۔ تمہاری خیریت دریافت کرنی تھی۔ خدا حافظ" یہ کہہ کر وہ نہایت محبت سے مصافحہ کرتے ہیں اور اپنے جوش میں میرے ہاتھ کو اس قدر دبا دیتے ہیں کہ انگلیوں میں درد ہونے لگتا ہے اور میں قلم نہیں پکڑ سکتا۔ یہ تو علیحدہ رہا، اپنے ساتھ میرے کل خیالات کو بھی لے جاتے ہیں۔ خیالات کو جمع کرنے کی کوشش کرتا ہوں، مگر اب وہ کہاں!! اور دیکھا جائے تو میرے کمرے میں ایک منٹ سے زیادہ نہیں رہے۔ تاہم اگر وہ گھنٹوں رہتے تو اس سے زیادہ نقصان نہ کرتے۔ کیا میں انہیں چھوڑ سکتا ہوں؟ میں اس سے انکار نہیں کرتا کہ میری اور ان کی دوستی بہت پرانی ہے اور وہ مجھ سے بھائیوں کی طرح محبت کرتے ہیں۔ تاہم انہیں چھوڑ دوں گا تو اگرچہ کلیجے پر پتھر رکھنا پڑے۔

اور لیجئے! دوسرے دوست محمد تحسین ہیں، یہ بال بچوں والے صاحب ہیں اور رات دن انہی کی فکر میں رہتے ہیں۔ جب کبھی ملنے آتے ہیں تو تیسرے پہر کے قریب آتے ہیں۔ جب میں کام سے فارغ ہو چکتا ہوں لیکن اس قدر تھکا ہوا ہوتا ہوں کہ دل یہی چاہتا ہے کہ ایک آرام کرسی پر

خاموش پڑا رہوں۔ مگر تحسین آئے ہیں اور ان سے ملنا ضروری ہے۔ ان کے پاس باتیں کرنے کے لئے سوائے اپنی بیوی بچوں کی بیماری کے اور کوئی مضمون ہی نہیں۔ میں کتنی ہی کوشش کروں مگر وہ اس مضمون سے باہر نہیں نکلتے۔ اگر میں موسم کا ذکر کرتا ہوں تو وہ کہتے ہیں ہاں بڑا خراب موسم ہے۔ میرے چھوٹے لڑکے کو بخار آگیا۔ منجھلی لڑکی کھانسی میں مبتلا ہے۔" اگر پالٹکس یا لٹریچر کے متعلق گفتگو کرتا ہوں تو تحسین صاحب فوراً معذرت پیش کرتے ہیں کہ "بھائی آج کل گھر بھر بیمار ہے۔ مجھے اتنی فرصت کہاں کہ اخبار پڑھوں۔" اگر کسی عام جلسے میں آتے ہیں تو اپنے لڑکوں کو ضرور ساتھ لیے ہوتے ہیں اور ہر ایک سے بار بار پوچھتے رہتے ہیں کہ "طبیعت تو نہیں گھبراتی؟ پیاس تو نہیں لگتی؟ کبھی نبض دیکھ لیتے ہیں اور وہاں بھی کسی سے ملتے ہیں تو گھر کی بیماری کا ہی ذکر کرتے ہیں۔

اسی طرح میرے مقدمہ باز دوست ہیں جنہیں سوائے اپنی ریاست کے جھگڑوں، اپنے فریق مخالف کی برائیوں اور جج صاحب کی تعریف یا مذمت کے (تعریف اس حالت میں جب کہ انہوں نے مقدمہ جیتا ہو) اور کوئی مضمون نہیں۔ منجملہ اور بہت سے مختلف قسموں کے دوستوں کے میں شاکر صاحب کا ذکر خصوصیت سے کروں گا کیونکہ وہ مجھ پر خاص عنایت فرماتے ہیں۔ شاکر صاحب موضع سلیم پور کے رئیس اور ضلع بھر میں نہایت معزز آدمی ہیں۔ انہیں اپنی لیاقت کے مطابق لٹریچر کا بہت شوق ہے۔ لٹریچر پڑھنے کا اتنا نہیں جتنا لٹریچر سی آدمیوں سے ملنے اور تعارف پیدا کرنے کا۔ ان کا خیال ہے کہ اہل علم کی تھوڑی سی قدر کرنا امراء کے شایان شان ہے، ایک مرتبہ میرے ہاں تشریف لائے اور بہت اصرار سے مجھے سلیم پور لے گئے۔ یہ کہہ کے "شہر میں رات دن شور و شغب رہتا ہے۔ دیہات میں کچھ عرصے رہنے سے تبدیل آب و ہوا بھی ہوگی اور وہاں مضمون نگاری بھی زیادہ اطمینان سے کر سکو گے۔ میں نے ایک کمرہ خاص تمہارے واسطے آراستہ کرایا ہے جس میں پڑھنے لکھنے کا سب سامان مہیا ہے۔ تھوڑے دن رہ کر چلے آنا دیکھو، میری خوشی کرو۔"

میں ایسے محبت آمیز اصرار پر انکار کیسے کر سکتا تھا۔ مختصر سا سامان پڑھنے لکھنے کا لے کر

ان کے ساتھ ہولیا۔ ایڈیٹر "معارف" سے وعدہ کر چکا تھا کہ ایک خاص عرصے میں ان کی خدمت میں ایک مضمون بھیجوں گا۔ شاکر خاں صاحب کی کوٹھیہ پر پہنچ کر میں نے وہ کمرہ دیکھا جو میرے لئے تیار کیا گیا تھا۔ یہ کمرہ کوٹھی کی دوسری منزل پر تھا۔ اور نہایت خوبی سے آراستہ تھا اس کی ایک کھڑکی پائیں باغ کی طرف کھلتی تھی۔ اور ایک نہایت ہی دلفریب نیچرل منظر میری آنکھوں کے سامنے ہوتا تھا۔ صبح کو میں نیچے ناشتے کی غرض سے بلایا گیا۔ جب دوسرا پیالہ چائے کا پی چکا تو اپنے کمرے میں جانے کے لئے اٹھا ہی تھا کہ چاروں طرف سے اصرار ہونے لگا کہ "ہیں ہیں! کہیں ایسا غضب نہ کرنا کہ آج ہی کام شروع کر دو۔ اپنے دماغ کو کچھ تو آرام دو۔ اور آج کا دن تو خاص کر اس قابل ہے کہ سینری کا لطف اٹھانے میں گزارا جائے۔ چلیے گاڑی تیار کراتے ہیں۔ دریا پر مچھلی کا شکار کھیلیں گے۔ پھر وہاں سے دو میل پر احمد نگر ہے۔ آپ کو وہاں کے رئیس راجہ طالب علی صاحب سے ملائیں گے۔"

میرا ماتھا وہیں ٹھنکا کہ اگر یہی حال رہا تو یہاں بھی فرصت معلوم! خیر سینکڑوں حیلے حوالوں سے اس وقت تو میں بچ گیا اور میرے میزبان بھی میری وجہ سے نہ گئے۔ مگر مجھے بہت جلد معلوم ہو گیا۔ جس عنقا یعنی یکسوئی کی تلاش میں سرگرداں تھا وہ مجھے یہاں بھی نہ ملے گی۔"

میں جلدی سے اٹھ کر کمرے میں آیا اور اس وقت ذرا غور سے اس میز کے سامان کو دیکھا جو میرے لکھنے پڑھنے کے لئے تیار کی گئی تھی۔ میز پر نہایت قیمتی کامدار کپڑا پڑا ہوا تھا جس پر سیاہی کا ایک قطرہ گرانا گناہ کبیرہ سے کم نہ ہوگا۔ چاندی کی دوات مگر سیاہی دیکھتا ہوں تو سوکھی ہوئی۔ انگریزی قلم نہایت قیمتی اور نایاب۔ مگر اکثر میں نب ندارد، جاذب کاغذ ایک مخمل جلد کی کتاب میں۔ مگر لکھنے کے کاغذ کا پتہ نہیں۔ اسی طرح بہت سا اعلیٰ درجے کا بیش قیمت سامان میز پر تھا۔ مگر اکثر اس میں سے میرے کام کا نہیں اور جو چیزیں کہ ضروریات کی تھیں وہ موجود نہیں۔ آخر کار میں نے اپنا وہی پرانا استعمالی مگر مفید بکس اور اپنی معمولی دوات اور قلم (جس نے اب تک نہایت ایمانداری سے میری مدد کی تھی۔ میرے پراں خیالات کو تیزی کے ساتھ قفس کاغذ میں بند کیا

تھا) نکالا اور لکھنا شروع کیا۔ یہ ضرور ہے کہ جن مرغان خوش نوا کی تعریف میں شعراء اس قدر رطب اللسان ہیں، ان کی اس عنایت سے میں خوش نہیں ہوں کہ سب کے سب میرے کمرے کے نیچے درخت پر جمع ہو گئے اور شور مچانا شروع کر دیا۔ تاہم میں نے کوشش کر کے ان کی طرف سے کان بند کر لئے اور کام میں ہمہ تن مشغول ہو گیا۔

تن، ٹن ٹن ٹنٹنا چھن۔ تان، ٹن ٹن ٹن۔ میں ایسا مصروف تھا کہ دنیا و مافیھا کی خبر نہ تھی۔ یکایک اس تن تن نے چونکا دیا۔ ہیں! یہ کیا ہے؟ افوہ! اب میں سمجھا میرے کمرے کے قریب شاکر خاں صاحب کے چھوٹے بھائی کا کمرہ ہے۔ انہیں موسیقی میں بہت دخل ہے۔ اس وقت ستار سے شوق فرما رہے ہیں۔ بہت خوب بجا رہے ہیں۔

"اس کی گلی سے آئے کیوں؟" نکہت زلف لائے کیوں؟ مجھ کو صبا سے ہے امید۔ آہا مجھ کو صبا سے ہے امید) مجھ سے صبا کو کیا غرض؟"

واہ واہ!! سبحان اللہ! کیا غزل چھیڑی ہے، اے ترک سوار نواح عرب یثرب نگری میں پہنچا دینا۔ کس رنگ میں ہے۔ وہ حبیب مرا مجھے واکی کھبریا لا دینا۔" بہت ہی خوب! کمال کرتے ہیں۔

کوئی آدھ گھنٹہ انہوں نے موسیقی کی مشق فرما کر مجھے میری خواہش کے خلاف محظوظ فرمایا۔ پھر کسی وجہ سے وہ اپنے کمرے سے چلے گئے اور خاموشی طاری ہو گئی، تو مجھے پھر اپنے کام کا خیال آیا۔

"اے میرے خیالات! تمہیں میرا گنجینہ میرا خزانہ ہو۔ خدا کے لئے رحم کرو۔ میرے دماغ میں پھر آؤ۔" یہ کہہ کے میں کاغذ کی طرف متوجہ ہوا کہ دیکھوں کہاں چھوڑا ہے۔ میں اس فقرے تک پہنچا تھا" ہم اس وسیع اور دقیق مضمون پر جتنا غور و فکر کرتے ہیں، اتنا ہی اس کی مشکلات کا مثل۔۔۔"

مثل کے آگے میں کیا لکھنے والا تھا۔"۔۔۔ ریگ دریا کے اندازہ نہیں کر سکتے؟" ہرگز نہیں، ایسا معمولی تو نہ تھا۔ مجھے یقین ہے کہ کچھ اور تھا۔ کوئی اعلیٰ درجے کی تشبیہ تھی۔ اور فقرے کو

نہایت شاندار الفاظ میں ختم کرنے والا تھا۔ خدا ہی جانتا ہے کہ کیا تھا کیا نہ تھا۔ اب تو دماغ میں اس کا پتہ بھی نہیں۔ گانے والے صاحب تو شکایت کر رہے تھے کہ:

"اس گلی سے آئے کیوں؟ نکہت زلف لائے کیوں؟ مجھ کو صبا سے ہے امید۔ مجھ سے صبا کو کیا غرض؟"

مگر میرا تو صبا کے نام نے دماغ ہی خالی کر دیا۔ اگر وہ آتی اور نکہت زلف بھی لاتی تو نہ معلوم کیا ہوتا۔ بہر حال مجھے وہ فقرہ از سر نو درست کرنا چاہئے۔ مشکلات کے بجائے کچھ اور ہونا چاہئے۔

ہم اس وسیع مضمون پر جتنا غور و فکر کرتے ہیں اتنا ہی ان بیش بہا علمی جواہر کو جو ہمارے ملک اور قوم کے علمی خزانے کے پر کرنے کے لئے کافی ہیں اور جن کی قدر آپ کہاں بھول پڑے۔ اتنے دنوں کہاں رہے۔

یہ کیا؟

جن کی قدر آپ کہاں بھول پڑے۔ اتنے دنوں کہاں رہے؟ یہ کیا مہمل فقرہ ہوا۔ لاحول والا قوۃ۔ میں بھی کیا گڑ بڑ کر رہا ہوں۔ آپ کہاں بھول پڑے اتنے دنوں کہاں رہے؟ یہ فقرے تو شاکر خاں صاحب نے کسی دوست سے کہے ہیں جو ابھی ان سے ملنے آیا ہے۔ میں مصروفیت میں انہیں ہی لکھ گیا۔

ہاں تو کاٹ کے فقرہ درست کرنا چاہئے۔ اور جن کی قدر ابھی تک ملک و قوم کو معلوم نہیں ہوتی ہے اور بظاہر۔۔۔"

کوئی دروازہ کھٹکھٹاتا ہے۔

کون ہے؟

"میں ہوں شبن۔ سرکار نے کہا ہے کہ اگر آپ کو تکلیف نہ ہو تو نیچے ذرا سی دیر کے لئے تشریف لائیے، کوئی صاحب آئے ہوئے ہیں اور سرکار انہیں آپ سے ملانا چاہتے ہیں۔"

بادل نخواستہ میں اٹھا اور نیچے گیا۔ شاکر خاں صاحب کے دوست راجہ طالب علی صاحب تشریف لائے تھے۔ ان سے میرا تعارف کرایا گیا۔ تھوڑی دیر کے بعد وہ تشریف لے گئے اور مجھے بھی فرصت ملی اور میں نے یکسو ہو کر لکھنا شروع کیا۔ تھوڑی دیر ہوئی تھی کہ شبن صاحب نے پھر دروازہ کھٹکھٹایا۔ معلوم ہوا کہ میری پھر یاد آئی۔ ہمارے میزبان کے کوئی اور دوست آئے ہوئے ہیں اور میں انہیں دکھایا جاؤں گا گویا میں بھی مثل اس عربی گھوڑے کے تھا جسے میزبان نے حال ہی میں خریدا تھا اور جو ہر دوست کو اصطبل سے منگا کر دکھایا جاتا تھا۔ ان دوست سے نجات پا کر اور بھاگ کر میں پھر اپنے کمرے میں آیا۔ خیالات غائب ہو گئے تھے۔ فقرہ از سر نو پھر بنانا پڑا۔ طبیعت اچاٹ ہو گئی۔ بہزار دقت پھر بیٹھا اور لکھنا شروع کیا۔ اب کی مرتبہ خوش قسمتی سے کوئی آدھ گھنٹہ ایسا ملا جس میں کوئی آیا گیا نہیں۔ اب میرا قلم تیزی سے چل رہا تھا اور میں لکھ رہا تھا۔

"ہم کو کامل یقین ہے کہ ہمارے ملک کے قابل نوجوان جنہیں تفتیش اور تحقیقات کا شوق ہے اور جو کولمبس کی طرح۔ نئی معلومات اور نئی دنیا (گو وہ علمی دنیا ہی کیوں نہ ہو) کے دریافت کرنے کے لئے اپنے تئیں۔۔۔"

دروازے پر پھر دستک "کیا ہے؟ اچھا۔"

دریافت کرنے کے لئے اپنے تئیں خطرے میں ڈالنے سے بھی خوف نہیں کھاتے، ضرور اس طرف متوجہ ہوں گے اور اپنی کاوشوں اور کوششوں سے موجود۔۔۔"

دروازہ پھر کھٹکھٹایا گیا۔

"ہاں"

"حضور! سرکار آپ کا انتظار کر رہے ہیں، کھانا ٹھنڈا ہوا جاتا ہے۔"

"افوہ! مجھے خیال نہیں رہا۔ سرکار سے عرض کرنا میرا انتظار نہ کریں، میں پھر کھالوں گا۔ اس وقت مجھے کچھ ایسی بھوک نہیں۔"

"اور آئندہ نسلوں کو زیر بار احسان کریں گے۔ یہی وہ نوجوان ہیں جو قوم کی کشتی کو خدا کی

مدد پر بھروسا کر کے خطرات سے بچاتے اور ساحل مراد تک پہنچاتے ہیں۔ زندگی اور موت کالا ینحل مسئلہ۔

دستک۔۔ کیا ہے؟

سرکار کہتے ہیں۔ اگر آپ تھوڑی دیر میں کھائیں گے تو ہم بھی اسی وقت کھائیں گے۔ مگر کھانا ٹھنڈا ہو کے بالکل خراب ہو جائے گا۔"

اچھا بھئی، لو ابھی آیا۔"

یہ کہہ کر میں کھانے کے لئے جاتا ہوں۔ سب سے معذرت کرتا ہوں۔ میزبان نہایت اخلاق سے فرماتے ہیں۔ "چہرے پر تھکن محسوس ہوتی ہے، کیا بہت لکھ ڈالا؟ دیکھو میں تم سے کہتا تھا نا کہ شہر میں ایسی فرصت اور خاموشی کہاں؟"

سوائے اس کے کہ آمنا و صدقنا کہوں اور کیا کہہ سکتا تھا۔ اب کھانے پر اصرار ہوتا ہے جس چیز سے مجھے رغبت نہیں وہی کھلائی جاتی ہے۔ بعد کھانے کے میزبان صاحب فرماتے ہیں" سہ پہر کو تمہیں گاڑی میں چلنا ہو گا۔ میں تمہیں اس واسطے یہاں نہیں لایا کہ سخت دماغی کام کر کے اپنی صحت خراب کر لو۔"

واپس کمرے میں آکر تھوڑی دیر اس غرض سے لیٹتا ہوں کہ خیالات جمع کر لوں اور پھر لکھنا شروع کر دوں۔ مگر اب خیالات کہاں؟ مضمون اٹھا کر دیکھتا ہوں۔

"زندگی اور موت کالا ینحل مسئلہ۔"

اس کے متعلق کیا لکھنے والا تھا؟ ان الفاظ کے بعد کون سے الفاظ دماغ میں تھے؟ اب کچھ خیال نہیں کہ اس کو پہلے فقروں سے کیونکر ربط پیدا کرنا تھا۔ یوں ہی پڑے پڑے نیند آجاتی ہے۔ تیسرے پہر اٹھتا ہوں تو دماغ نہایت صحیح پاتا ہوں۔ "زندگی اور موت کالا ینحل مسئلہ" بالکل حل ہو جاتا ہے۔ پورا فقرہ آئینے کی طرح نظر آتا ہے۔ میں خوشی خوشی اٹھ کر میز پر گیا اور لکھنا چاہتا تھا کہ پھر وہی دستک۔

نوکر اطلاع دیتا ہے کہ گاڑی تیار ہے۔ سرکار کپڑے پہنے آپ کا انتظار کر رہے ہیں۔ میں فوراً نیچے جاتا ہوں تو پہلا فقرہ جو میزبان صاحب فرماتے ہیں یہ ہوتا ہے "آج تو دستے کے دستے لکھ ڈالے۔" میں سچی بات کہوں گا کہ کچھ بھی نہیں لکھا۔" تو وہ ہنس کے جواب دیتے ہیں کہ آخر اس قدر کسر نفسی کی کیا ضرورت ہے؟

خدا کے واسطے جھوٹی نہ کھایئے قسمیں
مجھے یقین ہوا مجھ کو اعتبار آیا

مل ملا کر شام کو واپس آئے۔ کھانے کے بعد باتیں ہوتی رہیں۔ سونے کے وقت اپنا دن بھر کا کام اٹھا کر دیکھتا ہوں تو ایک صفحے سے زیادہ نہیں۔ وہ بھی بے ربط و بے سلسلہ۔ غصے اور رنج میں آ کر اسے پھاڑ کر پھینک دیتا ہوں۔ اور دوسرے روز اپنے میزبان کو ناراض کر کے واپس چلا آتا ہوں۔ ناشکر اور احسان فراموش کہا جاؤں گا۔ مگر میں مجبور ہوں۔ اس عزیز اور مہربان دوست کو بھی چھوڑ دوں گا۔

میں نے ذرا تفصیل سے ان کا حال بیان کیا ہے۔ مگر یہ خیال نہ کرنا کہ میں ان احباب کی فہرست ختم ہو گئی جن سے میں رخصت طلب کر سکتا ہوں۔ نہیں ابھی بہت سے باقی ہیں۔ مثلاً ایک صاحب ہیں جو مجھ سے کبھی نہیں ملتے۔ مگر جب آتے ہیں میں ان کا مطلب سمجھ جاتا ہوں۔ یہ حضرت ہمیشہ قرض مانگنے کے لئے آتے ہیں۔ ایک صاحب جو ہمیشہ ایسے وقت آتے ہیں جب میں باہر جانے والا ہوتا ہوں۔ ایک صاحب ہیں جو مجھ سے ملتے ہی کہتے ہیں "میاں عرصے سے میرا دل چاہتا ہے تمہارے دعوت کروں۔" مگر کبھی اپنی خواہش کو پورا نہیں کرتے۔ ایک دوست آتے ہیں۔ وہ آتے ہی سوالات کی بوچھار شروع کر دیتے ہیں۔ جب میں جواب دیتا ہوں تو متوجہ ہو کر نہیں سنتے، یا اخبار اٹھا کر پڑھنے لگتے ہیں یا گانے لگتے ہیں۔ ایک صاحب ہیں وہ جب آتے ہیں اپنی ہی کہے جاتے ہیں میری نہیں سنتے۔

یہ سب میرے عنایت فرما اور خیر طلب ہیں، مگر اپنی طبیعت کو کیا کروں۔ صاف صاف

کہتا ہوں کہ

ان میں سے ہر ایک سے کہہ سکتا ہوں
مجھ پہ احسان جو نہ کرتے تو یہ احساں ہوتا

اب چونکہ میں نے یہ حال لکھنا شروع کر دیا ہے مناسب معلوم ہوتا ہے کہ چند اور احباب کے متعلق اپنے دلی خیالات ظاہر کر دوں۔ دروازے پر ایک گاڑی آ کے رکی ہے۔ میں سمجھ گیا کہ کون صاحب تشریف لا رہے ہیں۔ میں ان کی شکایت نہیں کرنے لگا کیونکہ کیا یہ تعجب کی بات نہیں ہے کہ تین گھنٹے سے میں یہ مضمون لکھ رہا تھا کہ کسی کرم فرمانے کرم نہیں فرمایا۔ اس لئے اس کے شکریے میں میں اس مضمون کو اسی ناتمام حالت میں چھوڑتا ہوں اور اپنے دوست کا خیر مقدم کرتا ہوں۔ یہ دوست میری صحت کا بہت خیال رکھتے ہیں۔ جب آتے ہیں مجھ پر اس وجہ سے ناراض ہوتے ہیں کہ تم اپنی صحت کا خیال نہیں رکھتے۔" میں جانتا ہوں کہ اس وقت بھی یہی کسی نئے حکیم یا ڈاکٹر کا حال سنائیں گے جو حاذق ہے یا کوئی مجرب نسخہ میرے لئے کسی سے مانگ کر لائے ہوں گے۔

"آیئے۔ آیئے۔ مزاج عالی بہت دن بعد تشریف لائے۔"

☆☆☆

Mujhe mere dostoN se bachao. Light-Essay by: Sajjad Haider Yaldram
TaemeerNews, Dated: 7-9-2018

انشائیہ: ۲

نعرۂ تکبیر - اللہ اکبر - بجنگ آمد

کرنل محمد خان

جیسا کہ ایک جگہ پہلے کہا جا چکا ہے، ہندوستانی مسلمان (یا اب کہنا چاہیے پاکستانی مسلمان) بہت سادہ ہے۔ عرب ملکوں اور وہاں کے لوگوں سے اسے والہانہ عشق ہے اور ہر عرب کے متعلق یہی سمجھتا ہے کہ بعد از نبی بزرگ توئی قصہ مختصر۔ اسے یہ خوش فہمی بھی ہے کہ عرب بھی ہمیں چچازاد ہی سمجھتے ہیں۔ حالانکہ اکثر عربوں کو ان رشتہ داروں کے وجود کا ہی علم نہیں۔

ان دنوں قاہرہ میں میلاد النبی کا تہوار بڑی شان سے منایا جاتا تھا۔ خود شاہ فاروق تقریبات میں حصہ لیتے۔ اس سال کے یوم میلاد میں ہمارے کیمپ کے مسلمان جوانوں نے بھی شرکت کرنا چاہی۔ چونکہ ہمارے سپاہیوں کا مصریوں کے ساتھ اختلاط کا معاملہ تھا، کرنل صاحب نے مجھے خود ساتھ جانے کو کہا کہ کوئی ناخوشگوار واقعہ نہ ہونے پائے۔ چنانچہ میں، صوبیدار صاحب اور کوئی پچاس جوان صاف ستھری وردیاں پہنے فوجی لاریوں میں بیٹھ کر جلسۂ گاہ میں پہنچے۔ شاہ فاروق کے آنے میں ابھی کچھ وقت تھا کہ صوبیدار صاحب نے میرے کان میں کہا:

"اگر اجازت دیں تو شاہ فاروق کے آنے پر ہم نعرۂ تکبیر بلند کریں؟"

میں نے کہا: "آپ کو کیا تکلیف ہو رہی ہے جو آپ ایسی حرکت کرنا چاہتے ہیں؟"

بولے: "خلیفہ اسلام ہے اور ہمارا دل چاہتا ہے کہ اپنے مسلمان بادشاہ کے لیے نعرہ لگائیں۔"

میں نے کہا: "ہم وردی میں آئے ہوئے ہیں۔ ہمیں اس تقریب میں متانت سے حصہ لینا

چاہیے۔ یہ موقع نعرہ بازی کا نہیں۔ وطن میں جا کر یا یونٹ میں ہی کوئی جلسہ کر کے نعرے لگا کر دل ہلکا کرلیں گے۔"

صوبیدار صاحب خاموش ہو گئے، لیکن سخت ناخوش۔ میرے ساتھ ہی بیٹھے تھے اور میں دیکھ رہا تھا کہ وہ میرے غیر اسلامی رویئے پر سخت برہم ہیں۔ اتنے میں آواز آئی کہ جلالۃ الملک کی سواری آرہی ہے۔ یہ سنا تو صوبیدار صاحب کا چہرہ جگمگا اٹھا۔ ان کی نظریں اس سمت میں گڑ گئیں جدھر سے شاہ فاروق کو جلسہ گاہ میں داخل ہونا تھا۔ ان کا تنفس تیز ہو گیا۔ میں نے ان کی حالت غیر ہوتے دیکھی تو ان کے بازو پر ہاتھ رکھا، لیکن ہاتھ کی بجائے ان پر شہتیر بھی آگرتا تو ان کی توجہ کا کچھ نہ بگاڑ سکتا۔ وہ اب ایک دوسری دنیا میں پہنچ چکے تھے۔ جونہی شاہ فاروق نے دروازے کے اندر قدم رکھا، صوبیدار صاحب بجلی کی سرعت سے اٹھ کھڑے ہوئے اور فضا میں ایک آواز بلند ہوئی:

"نعرہ۔۔اے۔۔۔ تکبیر"

نعرہ اور اور لمبی 'اے' کے بعد تکبیر کا لفظ اس طرح ادا ہوا جیسے فیتہ جلنے کی شوں شوں کے بعد یکلخت گولہ پھٹتا ہے اور جونہی صوبیدار صاحب لفظ تکبیر تک پہنچے، ہمارے پچاس جوانوں نے یک زبان ہو کر نعرہ لگایا:

"اللہ اکبر"

اس پر شاہ فاروق کسی قدر حیرت سے مسکرائے اور حاضرین نے شاہی مسکراہٹ سے اشارہ پا کر تالیاں بجادیں۔

واقعہ یہ تھا کہ ہمارے نعرے کو کسی نے سمجھا نہ تھا۔ چاروں الفاظ بے شک عربی کے تھے، لیکن ان کا پنجابی تلفظ اور وہ بھی ایک نعرے کی شکل میں مصریوں کے فہم سے بعید تھا۔ وہ یہ سمجھے کہ ہندوستانی فوجیوں نے کوئی تماشہ کیا ہے، چنانچہ میں نے صوبیدار صاحب کو ایک قہر آلود نگاہ سے دیکھا، لیکن صوبیدار صاحب تو اپنے خلیفہ کے حضور میں تھے۔ ایک خستہ نیم لفٹین کیا اور اس کی نگاہِ غضب کیا؟

شاہ فاروق ہماری طرف بڑھ رہے تھے۔ جب ہمارے قریب سے گزرے تو جیسے صوبیدار صاحب کا اندر سے بٹن دب گیا ہو۔ پھر دیوانہ وار اٹھے اور دایاں بازو بلند کر کے نعرۂ تکبیر کی صدا لگائی اور ایک مرتبہ اور 'اللہ اکبر' کی آواز گونجی۔ اب کے شاہ فاروق نے قہقہہ لگایا اور تمام حاضرین خصوصاً پاشاؤں نے شاہی قہقہے کی تائید میں اپنے جی حضوری گلے پھاڑ کر رکھ دیئے اور شامیانہ سر پر اٹھالیا۔۔ ہر چند کہ اللہ اکبر کا نعرہ ہمارا دین و ایمان تھا، تاہم اس مجلس میں اس نعرہ بازی سے ہم تماشا بن گئے۔ شاہ فاروق کرسی صدارت پر بیٹھ گئے۔ جلسے کی کارروائی شروع ہوئی، تو جلسے کے منتظم بکری پاشا میرے پاس آئے اور ٹوٹی پھوٹی انگریزی میں مجھے مبارکباد دے کر کہنے لگے:

"تمہارے جوانوں کے تماشے سے جلالۃ الملک بہت خوش ہوئے ہیں۔ اگر یہ لوگ حضور کی رخصت کے وقت بھی ایسا ہی کریں، تو حضور اور خوش ہوں گے۔"

لگے ہاتھوں مجھے یہ مژدہ بھی سنایا کہ تمہاری چائے کا انتظام کر دیا گیا ہے۔

اب اگر میں بکری پاشا کو دل کی بات بتاتا تو کہتا کہ تم اور تمہارا بادشاہ بہشت کی دوسری طرف جا سکتے ہو، لیکن یہ کہنے کی بات نہ تھی۔ بکری پاشا کی سنا کیا اور خون جگر پیتا رہا۔ صوبیدار صاحب بھی بکری پاشا کی سن رہے تھے۔ ظاہر تھا کہ خلیفہ وقت کی خوشنودی کا امکان ہو تو وہ دن بھر نعرے لگاتے رہیں گے۔

بہر حال جیسے فوج کا دستور ہے میں نے صوبیدار صاحب سے کہا:

"آپ نے عدول حکمی کی ہے۔ آپ اپنے کو زیر حراست سمجھیں۔"

صوبیدار صاحب کے چہرے کا رنگ ذرا پھیکا ہونے لگا اور آپ نے میری طرف دیکھا بلکہ پہلی دفعہ محسوس کیا کہ یہ شخص بھی ساتھ آیا ہے اور غالباً اپنے دل میں وہی باتیں سوچنے لگے جو گرفتاری کے وقت لوگوں کے دماغ میں آتی ہیں، چنانچہ ایک لمحے کے لیے ان کے ذہن میں خلیفۃ اللہ اور بکری پاشا کے درمیان سے ہمیں بھی باریابی ہوئی۔ لیکن اتنے میں فاروق تقریر کے لیے اٹھ

کھڑے ہوئے۔ اگلے لمحے صوبیدار صاحب نے ہمیں دماغ سے نکال باہر کیا۔ ان کی آنکھوں میں پھر وہی روشنی عود کر آئی۔ ان کے نزدیک ہر مصری باتیں کرتے وقت قرآن پڑھتا معلوم ہوتا تھا اور اب تو امیر المومنین خود سخن سنج تھے۔ صوبیدار صاحب کی آنکھوں کی روشنی ایک آتشیں شعلے میں تبدیل ہو گئی۔

فاروق ابھی دو لفظ بھی نہ کہنے پائے تھے کہ صوبیدار صاحب نے اپنی جگہ پر ہی یعنی میری بغل سے اللہ اکبر کا نعرہ بلند کیا۔ فاروق اس دخل در معقولات سے پہلے تو ذرا ٹھٹھک سے گئے لیکن معاً ان کے ہونٹوں پر تبسم نمودار ہوا اور تمام پاشے کھکھلا اٹھے۔ تالیاں بجنا شروع ہوئیں۔ صوبیدار صاحب نے یہ دیکھا تو سمجھے کہ مصر فتح کر لیا ہے۔ لگے ہاتھوں ایک مزید نعرہ لگایا، مگر وفور جوش سے گلے پر معمول سے زیادہ زور دے دیا۔ آواز ہچکولے کھانے لگی۔ فاروق اور ان کے حواری ہنس ہنس کر دوہرے ہو رہے تھے۔ بکری پاشا بھاگے بھاگے آئے اور میرا شکریہ ادا کیا کہ تمہارے سپاہیوں نے جلالۃ الملک کو آمادہ خندہ کر دیا۔ میں شرم سے غرقِ نیل ہو رہا تھا۔ نہ صرف ہماری فوج بلکہ قوم کی سبکی ہو رہی تھی اور یہاں دونوں کی آبرو کا محافظ میں تھا کہ سب سے سینئر تھا لیکن اپنی سینیارٹی کا استعمال کس شکل میں کرتا؟

بکری پاشا کی ڈاڑھی نوچ لیتا؟

فاروق کو شٹ اپ کہتا؟

صوبیدار صاحب کے منہ میں فونٹین پن ڈال دیتا؟

یا کمپنی کو وہیں فالن کر کے رائٹ لیفٹ کرتا جلسہ گاہ سے باہر نکل آتا؟

ان میں سے کوئی حرکت بھی کرتا تو صوبیدار صاحب سے بھی زیادہ ممتاز الو بنتا، چنانچہ انتہائی بے بسی میں سر جھکا کر بیٹھا کیا اور سنتا رہا۔ خدا ہی جانتا ہے کہ ہمارے سر پر کیا کیا آرے چلے اور کیا کیا نعرے لگے۔

آخر مجلس برخاست ہوئی۔ واپس کیمپ پہنچے۔ صوبیدار صاحب کہ اب دربار خلیفہ سے

نکل کر یونٹ لائن میں آگئے تھے، برخاستگی بلکہ قید کی تیاری کرنے لگے۔ صوبیدار صاحب کا جرم واقعی سنگین تھا، لیکن اس سادہ اور جو شیلے مسلمان کو جیل خانے سے ایک بہتر اور باعزت مصرف بھی تھا، یعنی محاذ جنگ۔ دوسرے روز دفتر میں بلایا تو صوبیدار صاحب سمجھے کہ اب کورٹ مارشل ہوتا ہے لیکن جب محاذ جنگ پر جانے کا حکم سنا تو ان کی آنکھوں میں روشنی کی وہی پرانی کرن پھوٹی۔ سیلوٹ کیا، دفتر سے باہر نکلے اور معاً 'اللہ اکبر' کی صدا بلند ہوئی۔ ظاہر تھا کہ یہ نعرہ امیر المومنین کی شان میں نہیں بلکہ "غریب الافسرین" یعنی اس خاکسار سیکنڈ لفٹننٹ کے اعزاز میں ہے۔

☆ ☆ ☆

Nara e takbir allahu akbar. Light-Essay by: Col. Mohammad Khan
TaemeerNews, Dated: 26-6-2018

انشائیہ: ۳

غسلیات

کرشن چندر

بہت سے بچوں کا نفسی تجزیہ کرنے کے بعد میں اس نتیجہ پر پہنچا ہوں کہ نہانے کی رسم پتھر کے زمانے بلکہ اس سے بھی بہت پہلے زمانے کی یادگار ہے، جب کہ اس کرہ ارض پر صرف پانی ہی پانی تھا۔ آہستہ آہستہ اس پانی میں مچھلیاں، مینڈک، گھڑیال اور مگرمچھ پیدا ہوئے اور تخلیق حیات کے مختلف منازل طے کرتے ہوئے مختلف انواع ارتقائی درجوں کے بعد انسان کی موجودہ صورت کو پہنچے۔ چنانچہ آج بھی بیسویں صدی کا بچہ جب "ٹب میں پڑے پڑے چلا اٹھتا ہے تو یقینا پانی کے ٹھنڈا ہونے کی شکایت نہیں کرتا بلکہ اس آبی زمانے کی وحشی رسم کے خلاف صدائے احتجاج بلند کرتا ہے جس کے نام سے ڈارون کا نام ہمیشہ کے لئے وابستہ ہے۔

اس زمانے میں بہت سی پرانی وحشیانہ رسمیں متروک ہو چکی ہیں، مگر نہانے کے متعلق ابھی کچھ عرصہ اور جہاد کی ضرورت محسوس ہوتی ہے۔ میرے بہت سے احباب جو اس قابل نفریں رسم کے خلاف جہاد کرتے کرتے تنگ آچکے ہیں اور کچھ بہت پر امید نہیں ہیں۔ ان کا خیال ہے کہ جب تک پنجاب میں پانچ دریا بہتے رہیں گے انسان بدستور ان میں نہاتے اور گھڑیال، مگرمچھ اور خوفناک بھنوروں کا شکار ہوتے رہیں گے۔ یہاں میں ان لوگوں کا تفصیل سے ذکر کرنا نہیں چاہتا جو غسلخانوں میں نہاتے ہیں۔ ایسے لوگوں کی تعداد بہت کم ہے۔ چنانچہ اندازہ لگایا گیا ہے کہ پنجاب میں جہاں متوسط طبقہ کے لوگ کافی تعداد میں ہین۔ ہر دو ہزار افراد کے لئے صرف ایک غسلخانہ دستیاب ہو سکتا ہے اور بعض اضلاع میں تو تناسب کا یہ فرق بہت بڑھ جاتا ہے۔ چنانچہ محکمہ دیہات

سدھار کے اعداد و شمار سے معلوم ہوتا ہے کہ ضلع ہوشیار پور میں ایک بھی غسلخانہ نہیں۔

لیکن میں اپنے احباب کے نکتہ نگاہ کو درست نہیں سمجھتا، میں مستقبل کے متعلق اس قدر ناامید نہیں ہوں۔ ہو سکتا ہے کہ میرا عقیدہ محض ایک نام نہاد رسمی رجائیت کے فلسفہ پر مبنی ہو۔ لیکن میں یہ بھی جانتا ہوں کہ دنیا میں یاسیت اور تذبذب میں پڑے ہوئے دلوں نے آج تک کچھ نہیں کیا۔ اور پھر میرے پاس تو پر امید ہونے کے لئے بہت سی وجہیں ہیں۔ انہیں یہ تفصیل بیان کر دینا چاہتا ہوں۔

(۱) اس سیاسی خلفشار کے زمانہ میں لوگوں کو غسل سے وہ دلچسپی نہیں رہی جو پہلے تھی، نہانا ایک انفرادی فعل ہے اور فسطائیت یا اشتراکیت ہر دو مقبول عمومی فلسفے انفرادیت کو مٹا دینے پر تلے ہوئے ہیں۔

(۲) جوں جوں "تہذیب" بڑھتی چلی جا رہی ہے انسان کو پانی سے نفرت ہوتی جا رہی ہے اور نہانا تو محض اب نچلے درجوں کی پسماندہ جماعتوں کے لئے رہ گیا ہے۔ ورنہ شائستہ مہذب لوگ تو صرف ڈرائی کلین ہی پر اکتفا کرتے ہیں۔ کنویں پر نہاتے نہاتے ایک پوربئے کا دوسرے پوربئے سے کہنا" ارے یار، تو نے لٹیا ہی ڈبو دی۔" ذرا خیال کیجئے کتنا یتیم، غریب، افلاس زدہ فرقہ ہے، خود اس بلند حوصلی اور تہذیب سے قطعاً عاری ہیں تو یہاں تک کہہ سکتا ہوں کہ اگر کوئی مجھے یہ بتادے کہ وہ دن کے کئے بجے نہاتا ہے تو میں یہ وثوق سے بتا سکتا ہوں کہ مکمل تہذیب یافتہ ہونے کے لئے ابھی اسے کتنے مدارج اور طے کرنے ہیں۔

(۳) مثال کے طور پر

صبح چار بجے کون نہاتا ہے؟-------- پوربیا، بنیا۔ میونسپلٹی کی سڑکوں پر پانی چھڑکنے والا مہتر!

صبح چھ بجے------------ڈاکیہ، دفتر کا بابو، پولیس کا سپاہی

آٹھ بجے----------- پروفیسر، کالج کا لڑکا۔

دس بجے۔۔۔۔۔۔۔۔۔۔۔۔۔صاحب بہادر، لیڈر

بارہ بجے۔۔۔۔منسٹر، مجسٹریٹ، رئیس اعظم

اس کے علاوہ جوں جوں آپ یہ مدارج طے کرتے جائیں گے، آپ دیکھیں گے کہ نہانے میں وقت بتدریج کم صرف ہو رہا ہے۔ اگر آپ پہلے غسل کرتے وقت آدھ، پون گھنٹہ صرف کرتے تھے تو اب صرف دو منٹ پر آجائیں گے۔ اگر پہلے سارے جسم کو پانی میں بار بار ڈبوتے تھے تو اب صرف چہرہ، ہاتھ، اور پاؤں کو تر کرکے "نہاتے" اور یقیناً جس طرح ایک روز ہندوستان کو سوراج حاصل ہو گا اسی طرح وہ دن بھی ضرور آنے والا ہے جب کہ نہانے کی رسم اس ہندوستان جنت نشان سے قطعاً ہٹ جائے گی۔ صرف کہیں کہیں جس طرح آج کل بعض راسخ الاعتقاد ہندو، سنیچر وار کو تیل کی پیالی میں پیسہ ڈال کر اپنا منہ دیکھ لیتے ہیں۔ بعض پرانی وضع کے بزرگوار چلتے چلتے ہفتہ کے روز پانی کی پیالی میں چہرہ دیکھ لیا کریں گے۔ اور نہایت غرور سے کہا کریں گے "آج ہم نے تو غسل کر لیا۔ کتنی مدت کے بعد آج پانی میں منہ دیکھنا نصیب ہوا ہے۔ خدا غارت کرے اس نئے زمانے کو آج کل لوگ نہاتے بھی نہیں۔ جب ہم چھوٹے سے تھے تو ہماری اماں ہفتہ میں ایک دن ہمارے سارے جسم کو پانی سے تر کر دیا کرتی تھیں اور پتہ نہیں یہ کہاں تک سچ ہے مگر ہمارے دادا جان ذکر کیا کرتے تھے کہ ایک وہ زمانہ تھا کہ جب لوگ ہر روز اپنے جسموں کو پانی سے بھگو لیا کرتے تھے۔ (ایک جھری جھری لے کر) واہ، واہ اس نہانے میں کیا مزہ ہو گا!

غسل کے نقصانات جتانے کی ضرورت نہیں، وہ پرانا عقیدہ کہ غسل کرنے سے مسام کھلتے ہیں، بدن صاف رہتا ہے اور جی ہلکا پھلکا رہتا ہے۔ کبھی کا اپنی موت آپ مر چکا، میں خود اپنی پچیس سالہ تجرباتی زندگی کی بناء پر کہہ سکتا ہوں کہ راوی میں نہانے سے مسام کھلتے نہیں بلکہ جو کھلے ہیں وہ بھی اکثر بند ہو جاتے ہیں اور جی کے ہلکے پھلکے رہنے کے متعلق صرف یہ عرض ہے کہ اگر غلطی سے راوی کا دو گھونٹ پانی اندر چلا جائے تو ہیضہ ہو جانے کا احتمال رہتا ہے۔ غالباً دریا کے کنارے شمشان بھومی بنانے کی غرض و غایت یہی تھی۔

پھر اکثر یہ کہا جاتا ہے کہ نہانے سے بدن چست ہوتا ہے اور رنگ نکھرتا ہے تو سائنٹفک نکتہ نگاہ سے اسے بھی غلط سمجھنا چاہئے۔ نہانے کے فی الفور بعد بدن چست نہیں ہوتا بلکہ سکڑتا ہے۔ باقی رہا رنگ کا نکھرنا، اگر نہانے سے رنگ نکھرتا تو جنوبی ہندوستان کے باشندے کب سے "گورے" بن چکے ہوتے اور سمندر کی ہر ایک مچھلی کا رنگ سفید ہوتا۔ مگر اس کے متعلق ایک کہانی عرض کرنا چاہتا ہوں۔

دریائے تاپتی کے کنارے سات بھائی رہتے تھے۔ وہ بہت لمبے اور نحیف الجسم تھے۔ ان کے جسم اس قدر کمزور تھے کہ وہ اکثر ڈر کے مارے اپنے گھروں سے باہر نہ نکلتے۔ مبادا ہوا کہ کوئی تیز و تند جھونکا انہیں اڑا کر لے جائے۔ وہ ہر صبح اٹھ کر اپنے پھونس کے جسموں کو دیکھتے اور قدرت کی کاریگری پر حیران ہوتے۔ جس نے ان کو ابھی تک زندہ رکھا ہوا تھا۔ کوئی بھر کلائی پکڑے ہوئے نبض ٹٹولتا رہتا، کوئی اپنے پتلے، کاغذی جسم پر بار بار ہاتھ پھیرتا اور سوچتا یا الٰہی اس جسد خاکی میں سانس کہاں اٹکا ہوا ہے؟

ان کی سات بیویاں تھیں۔ موٹی، بانجھ اور بد صورت بیویاں، وہ سب کی سب اس قدر کریہہ النظر تھیں کہ ہر ایک بھائی یہ سوچ کر دل میں کڑھتا رہتا:

"ہو نہ ہو میرے اس بھائی کی عورت میری بیوی سے قدرے اچھی ہے، اگر 'وہ' مجھے مل جاتی تو کیا ہی اچھا ہوتا۔"

سات بھائیوں کے گھر میں نہانے کی رسم قطعاً متروک ہو چکی تھی۔ بھائی تو اس خیال سے نہیں نہاتے تھے کہ چونکہ پانی میں تحلیل کرنے کی قوت بہت زیادہ ہوتی ہے۔ کہیں وہ نہاتے نہاتے پانی میں بالکل حل ہی نہ ہو جائیں۔ اور بیویوں کو اس خیال سے نہانے نہیں دیتے تھے کہ دریائے تاپتی میں گھڑیال بہت رہتے ہیں، جو یقیناً موٹے جسموں والی عورتوں کو بہت پسند کریں گے۔

ایک دن تیسرے بھائی کی بیوی کے دل میں شیطان نے یہ خیال ابھارا کہ اسے ضرور نہانا چاہئے۔ چنانچہ وہ بیوی دوپہر کے وقت جب سب گھڑیال دریا کے کنارے ریت پر پڑے سوتے

تھے، دریا پر گئی اور نہا کر گھر لوٹ آئی، جب وہ نہا کر لوٹی تو اس نے اپنے سیاہ بال پیٹھ پر پھیلائے ہوئے تھے، اس کے چہرے پر ایک عجیب چمک تھی اور اس کے پاؤں زمین پر نہ پڑتے تھے۔ جب بھائیوں نے اسے دیکھا تو بیتاب ہو گئے۔ آپس میں لڑنے جھگڑنے لگے۔ یہ میری بیوی ہے۔ نہیں یہ میری بیوی بنے گی۔ اسے میں لوں گا۔ اسے میں لوں گا، گالی گلوچ سے نوبت دھول دھپا تک پہنچی۔ طمانچوں کا لگنا تھا کہ سارے بھائی چند لمحوں میں جاں بحق ہو گئے اور بیویاں بیوائیں بن گئیں اور جب گھڑیالوں کو یہ خبر لگی تو تاپتی کے کنارے سے رینگ رینگ کر آئے اور ساتوں بیواؤں کو زندہ نگل گئے۔

آج دریائے تاپتی کے کنارے صرف ایک پھونس کا بڑا سا جھونپڑا ہے جس میں آدھی رات کے وقت کبھی کبھی یہ ہولناک صدائیں بلند ہوتی ہیں۔ "اسے میں نہ دوں گا، اسے میں نہ دوں گا، یہ میری ہے!

نتیجہ: نہانا اخلاقی جرم ہے۔

آخر میں آپ استفسار کریں گے تو یہ سولہ آنہ درست کہ نہانا ایک قبیح رسم ہے، اسے ملیا میٹ کر دینا بہتر ہو گا۔ اس کے خلاف پر زور پروپیگنڈہ کیا جانا چاہئے، مگر صاحب ی تو سب وقتی، رسمی، ہنگامی باتیں ہیں، آخر آپ کا "پروگرام" کیا ہے بغیر پروگرام کے آج کل کوئی تحریک کامیاب نہیں ہوتی۔

لگے ہاتھوں وہ بھی سن لیجئے۔

(۱) جو امیر شخص نہائے اسے سماج سے باہر نکال دیا جائے۔

(۲) دفعہ ۱۴۴ الف میں یہ الفاظ ایزاد کئے جائیں۔

"ہر گاہ کہ ہمارے نوٹس میں آیا ہے وغیرہ وغیرہ۔۔ جو غریب شخص بلوہ کرتا ہو یا نہاتا ہوا پکڑا جائے گا اسے فی الفور گولی سے ہلاک کر دیا جائے گا۔۔۔

میں ابھی یہاں تک لکھنے پایا تھا کہ گنگو میرے سامنے میز کا کنارہ پکڑ کر کھڑا ہو گیا اور بولا:

"بابو جی، غسلخانے میں پانی دیر سے دھرا ہے۔ آپ جلد سے نہالیں، ورنہ پانی ٹھنڈا ہو جائے گا۔"

میں قلم چھوڑ کر میز کی دراز سے ایک تولیہ نکال کر یہ شعر گنگناتا ہوا غسلخانے کی طرف بھاگ گیا۔

نہاؤ گے تو مٹ جاؤ گے اے ہندوستان والو
تمہاری داستاں تک بھی نہ ہوگی داستانوں میں

☆☆☆
Ghuslyaat. Light-Essay by: Krishan Chander
TaemeerNews, Dated: 25-3-2018

انشائیہ: ۴

چاپلوسی

ابن صفی

یقین مانیے ڈاکٹریٹ کی ڈگری ملتے ہی میں نے صدر شعبۂ اردو، عربی و فارسی کی موت کی دعائیں مانگنی شروع کر دی تھیں۔ یوں تو میں نے انگریزی اور عربی دونوں مضامین میں ایم۔ اے کیا تھا لیکن ریسرچ کے لیے عربی ہی کو منتخب کیا۔ اس کی وجہ یہ تھی کہ عربک ڈپارٹمنٹ کے صدر تقریباً لب گور ہو چکے تھے اور کہیں سے بھی یہ امید نہیں کی جاسکتی تھی کہ ایک سال سے زیادہ چلیں گے۔ ان کی موت کے بعد ڈپارٹمنٹ میں ایک لیکچرار کی جگہ خالی ہونی چاہئے تھی۔ لہٰذا اپنی لیکچرار شپ کے خواب دیکھتے ہوئے میں نے عربک میں ریسرچ شروع کر دی۔ قدرت میرا ساتھ دے رہی تھی، ادھر مجھے ڈاکٹریٹ ملی اُدھر صدر صاحب پر فالج گرا۔ تقریباً ایک ماہ تک میری لیکچرار شپ حیات و موت کی کشمکش میں مبتلا رہی، پھر وہی ہوا جس کے لیے میں دو سال تک باقاعدہ قسم کا نمازی بنا رہا تھا۔

اخبار میں یونیورسٹی کے شعبۂ عربی و فارسی کے لیے ایک لیکچرار کی مانگ شروع ہوتے ہی میں نے وہ عرضی روانہ کر دی جو میں نے صدر صاحب کی زندگی میں ہی لکھ کر رکھ چھوڑی تھی۔ شعبے کے نئے صدر نے مجھ سے حتمی وعدہ کیا تھا کہ وہ میٹنگ میں میرے ہی لیے رائے دیں گے۔ مگر اب کیا کیا جائے کے دوسرے اُمیدوار کے چچازاد بھائی پارلیمنٹری سیکریٹری، دادازاد بھائی منسٹر اور نانازاد پھوپھا ایم این اے تھے۔

یہ تو اپنی اپنی لیاقت کی بات ہے، میں ٹھہرا گھامڑ آدمی۔ میں آج تک کوئی ایسا رشتہ پیدا

کرنے میں کامیاب ہی نہیں ہوا جو اس قسم کے نازک موقع پر میری مدد کر سکے۔ بہر حال، کمند اُس وقت ٹوٹی جب نقب زنی کے امکانات بھی ختم ہو چکے تھے۔

یہ تو آپ جانتے ہی ہونگے مجھ جیسے لوگ اپنے ہوئی قلعوں کی کتنی شاندار پبلیسٹی کرتے ہیں۔ لہذا اسی پبلیسٹی کے نتیجے میں دو تین دن تک تعزیت کرنے والوں کا تانتا بندھا رہا۔ ان میں تقریباً سبھی کو میری ناکامی پر افسوس ہوا تھا۔ کیونکہ یہ سب میری قابلیت کے معترف تھے۔ ان سب کی گفتگو سے میں نے جو نتیجہ نکالا وہ یہ تھا کہ میں انتہائی قابل ہوں۔ اس شہر یا اس ملک تو کیا ساری دینا میں اس کی مثال ملنی مشکل ہے۔ دوسرا اُمیدوار زندگی بھر پڑھے تب بھی یہاں تک نہیں پہنچ سکتا۔ میں لیکچرر نہ ہو سکا محض اس لیے کہ میں انتہائی خوبیوں کے باوجود چاپلوسی نہیں کر سکتا۔ وغیرہ وغیرہ۔

میرے ایک دوست نے تو نفسیاتی نکتہ نظر سے یہ تک ثابت کر دیا کہ زمانے کے اعتبار سے میرا چاپلوس نہ ہونا میری شخصیت کی سب سے بڑی خامی ہے۔ میں ان کی اس رائے پر ہفتوں غور کرتا رہا۔ آخر مجھے اس سے متفق ہونا پڑا اور میں نے باقائدہ طور پر چاپلوس بننے کی مہم شروع کر دی۔ مگر خدا کی قسم ایک فیصدی بھی تو کامیابی نصیب نہ ہوئی۔ آپ ہی انصاف فرمایئے جسے یہ بھی نہ معلوم کہ چاپلوسی کسے کہتے ہیں۔ وہ اس میں کامیاب کیونکر ہو سکتا ہے؟

ایک دن راہ میں ان صاحب سے اتفاقیہ ملاقات ہو گئی جنہوں نے یہ ثابت کیا تھا کہ میرا چاپلوس نہ ہونا میری سب سے بڑی کمزوری ہے۔ میں نے ان سے چاپلوسی کرنے کا طریقہ پوچھا۔ پہلے تو بڑی دیر تک میری سادہ لوحی پر قہقہے لگاتے رہے، پھر بولے۔

"ارے بھئی، چاپلوسی نہیں جانتے۔ بھئی چاپلوسی یعنی کہ چاپلوسی کیسے کی جاتی ہے۔ میں یہ سمجھ لوں کہ ہاں میں ہاں ملانے کو چاپلوسی کہتے ہیں۔ ہر شخص کی ہاں میں ہاں ملاؤ۔ چاپلوسی خود بخود آ جائے گی۔"

"کس طرح ہاں میں ہاں ملائی جائے۔ کوئی مثال دے کر سمجھاؤ۔" میں نے درجہ اوّل کے

کسی طالب علم کی طرح بے بسی سے کہا۔

"تم بھی رہے گھامڑ کے گھامڑ۔ مرد آدمی، ہاں میں ہاں ملانا بھی نہیں جانتے۔ خیر سنو، فرض کرو کہ تم اپنے کسی عزیز کی موت پر تعزیت کے لیے جاتے ہو، وہاں مرحوم کا کوئی عزیز اس کے اوصافِ حمیدہ پر روشنی ڈالتے ہوئے کہتا ہیکہ مرحوم کے چہرے پر مرنے کے بعد بلا کی رونق تھی۔ ایسا معلوم ہوتا تھا جیسے سو رہے ہوں۔ اس وقت تمہیں چاہیے کہ فوراً اس کی ہاں میں ہاں ملاؤ اور مرحوم ک بزرگی کا کوئی فرضی قصّہ گھڑ کر سنا دو۔ مثلاً کہو سبحان اللہ مرحوم کی بزرگی کا کیا کہنا۔ ایک واقعہ یاد آگیا۔ ایک رات اپنا گدھا تلاش کرتے کرتے قبرستان کی طرف جا نکلا۔ دیکھتا کیا ہوں کہ مرحوم ایک درخت کے نیچے ننگ دھڑنگ بیٹھے عبادت میں مشغول ہیں۔ اور دو شیر، تین بھیڑیئے، چار اود بلاؤ، اور پانچ عدد بجّو مرحوم کے ارد گرد حلقہ کیے بیٹھے ہیں، وغیرہ وغیرہ۔۔۔ کیا سمجھے۔"

"بالکل سمجھ گیا۔" میں نے اپنے دوست کی پیٹھ ٹھونکتے ہوئے جوش سے کہا۔

"دوست! زندگی بھر تمہارا احسان نہیں بھولوں گا۔ ہاں، ہاں بھئی دعوت بھی دونگا۔ مجھے مکمل قسم کا چاپلوس تو بن جانے دو، مانتا ہوں استاد۔"

دن بھر ہاں میں ہاں ملانے کے مواقع تلاش کرتا رہا مگر مایوسی کے سوا کچھ ہاتھ نہ آیا۔ شام کو شکستہ دل ہو کر اخبار اٹھانے ہی جا رہا تھا کہ ایک صاحب کی موت کی اطلاع ملی۔ مارے خوشی کے ناچ اٹھا۔ قدرت کچھ مہربان نظر آ رہی تھی۔ آخر موقع نصیب ہو ہی گیا۔ سوچا کہ اسی وقت جاؤں مگر پھر خیال آیا کہ شاید اس وقت ہاں میں ہاں ملانے کا موقع نہ مل سکے کیونکہ مرحوم کے اعزا تجہیز و تکفین کے انتظام میں مشغول ہوں گے۔

دوسرے دن انتہائی مسمسی صورت بنائے ہوئے میں ان کے گھر پہنچا اور راستے میں مرگی کا دورہ پڑ جانے کی بنا پر جنازے میں شرکت نہ کرسکنے کی معذرت کی۔ خود پر مرحوم کی بزرگانہ شفقتوں کا تذکرہ کرتا رہا۔ تھوڑی دیر کے بعد مرحوم کے بڑے صاحب زادے نے مرحوم کی طویل

علالت اور جان لیوا اذیتوں کی داستان چھیڑ دی۔ میرا دل بہت زور سے دھڑکا کیونکہ ہاں میں ہاں ملانے کا یہی موقع تھا۔ میں نے کھولتے ہوئے پیٹ کو دبا کر کہنا شروع کیا۔

"ہاں صاحب خدا بخشے مرحوم نے بڑی تکلیفیں اٹھائیں۔ بھیّا یہ عمر ہی ایسی ہوتی ہے۔ میں نے تو سنا ہے کہ مرحوم کے جسم کے ریشے ریشے میں کیڑے پڑ گئے تھے۔"

"جی۔" مرحوم کے صاحب زادے حیرت سے دیدے پھاڑ کر بولے۔

"بہتان ہے صاحب، ہم لوگوں نے تیمارداری میں رات دن ایک کر دیے۔ کیا مجال کہ بدن پر مکھی تک بیٹھ جاتی، کیڑے، لاحول ولا قوۃ۔"

"واللہ علم بالصواب۔" میں وار خالی جاتے دیکھ کر مایوسی سے بول پڑا۔

"آپ یقین کیجئے۔" ان کے صاحب زادے بولے۔

"آپ ٹھیک کہتے ہوں گے۔" میں نے بے دلی سے کہا۔

"ارے جناب میں تو یہاں تک سنا ہے کہ جس وقت مرحوم غسل کے لیے بستر مرگ پر سے اُٹھائے جارہے تھے ان کی ساری ہڈیاں سُکھی لکڑی کی طرح تڑاخ تڑاخ ٹوٹ گئی تھیں۔"

یہ سننا تھا کہ انکے صاحب زادے آگ بگولا ہو کر کھڑے ہو گئے۔ چیخ کر کہنے لگے۔

"کون حرام زادہ کہتا ہے، کس سے سنا ہے آپ نے؟"

"ارے صص۔۔صاحب۔ مم۔ مجھے یقین کب آیا تھا۔ بھلا ایسا ہو سکتا ہے۔ دو۔۔۔ دشمنوں کو کیا۔ جج۔ جو۔ چاہا۔ کہہ دیا۔"

"دیکھا رشید صاحب۔" وہ ایک صاحب کی طرف مخاطب ہو کر بولے۔

"آپ بھی تو غسل کے وقت موجود تھے۔ (میری طرف مخاطب ہو کر) ذرا بتائیں تو کس نے کہا تھا آپ سے۔"

"ارے جانے بھی دیجئے۔" میں نے گھبرا کر کہا۔" دشمنوں کا کیا ہے، یونہی اپنا منہ کالا کرتے ہیں، بہر حال میں ان صاحب کی اچھی طرح خبر لوں گا۔"

نہ جانے کس طرح پیچھا چھڑا کر وہاں سے بھاگا، بسم اللہ ہی غلط نکلی تھی۔ مگر میں آسانی سے ہار ماننے والا نہیں تھا۔ ایک بار ناکام ہونے پر سپر ڈال دینا کوئی مردانگی نہیں ہے۔

میں مرتے دم تک جدّوجہد کرتے رہنے کا قائل ہوں۔ میری راہ میں اگر ہمالیہ حائل ہو اتو پروا نہیں کرتا۔ تقدیر کو ناکامیوں کا سبب نہیں سمجھتا۔ میرا خیال ہے کہ بعض عملی خامیاں ہی ناکامیوں کو جنم دیتی ہیں۔ میں دوسرے بہتر مواقع کا انتظار کرنے لگا۔

ایک دن پھر اک بزرگ کی موت کی خبر ملی۔ احتیاطاً میں نے تعزیت کئی دنوں کے لیے ٹال دی اور اس دوران میں مختلف قسم کے تعزیتی موضوعات پر مکالمے لکھ لکھ کر رٹتا رہا۔ بہر حال اچھی خاصی تیاری کے بعد وہاں پہنچا۔ کئی حضرات وہیں موجود تھے۔ مرحوم کے اوصاف حمیدہ گنوانے شروع کیے۔ میں نے کئی بار ہاں میں ہاں ملانے کی کوشش کی لیکن وہ طوفان ایکسپریس کی رفتار سے جا رہے تھے۔ خدا خدا کر کے رکے بھی اس جملے پر:

"مرحوم کی خوبیاں کہاں تک بیان کی جائیں وہ بچوں میں بچے، جوانوں میں جوان اور بوڑھوں میں بوڑھے تھے۔"

گھبراہٹ اور بوکھلاہٹ میں مجھے یاد نہ رہ سکا کہ وہ اس سے پہلے کیا کہہ چکے ہیں۔ حالانکہ اسے یاد رکھنا ضروری تھا کیونکہ اس قسم کے جملے پر میں نے کوئی تیاری نہ کی تھی۔ ایک سیکنڈ، دو سیکنڈ، تین سیکنڈ، کتنا اچھا موقع ہاتھ سے نکلا جا رہا تھا۔ اگر گفتگو کا موضوع بدل گیا تو کیا ہو گا، اس خیال نے بولنے پر اکسا دیا۔

"ارے صاحب بچوں میں واقعی بچے تھے۔" میں نے آبدیدہ ہو کر کہا۔ "میرے بچے کو بے حد عزیز رکھتے تھے۔ کیا کیا قلابازیاں کھاتے تھے اس کے ساتھ۔ اُف جس وقت وہ سنے گا۔ ارے صاحب کیا بتاؤں کہ اسے کس قدر عزیز رکھتے تھے۔ ایک دن بچے نے ان سے کہا کہ گھوڑا بنو۔ آپ جھٹ اپنے پیچھے آزار بند کی دم لگا کر گھوڑا بن گئے۔ بچے نے داڑھی پکڑی اور ٹخ ٹخ کر کے دوڑایا۔۔۔۔۔۔ہائے کیا بزرگ تھے۔"

میں کچھ اور کہنا چاہتا تھا کہ کئی حضرات کو ہنسی آگئی۔ میں نے مرحوم کے چھوٹے بھائی کی طرف دیکھا جو مجھے عجیب نظروں سے گھور رہے تھے۔ لوگوں کے قہقہے سن کر چونکے اور خود بھی کھسیانی ہنسی ہنس کر کہنے لگے۔ "صاحب کیا بتاؤں کتنے زندہ دل تھے۔"

ان کا یہ جملہ سن کر میرا دل خوشی سے بلیّوں اچھلنے لگا۔ تیر نشانے پر لگا تھا مگر شاید "نیم کش" چونکہ کافی حوصلہ افزائی ہو گئی تھی، اس لیے میں نے فوراً ہی دوسرا جگر پار ہو جانے والا تیر چھوڑا۔

"ہائے وہ جوانوں کے جوان تھے۔" میں نے نتھنے پھلا کر آنسو نکالنے کی کوشش کرتے ہوئے کہا۔

"کیا عرض کروں۔۔۔ہائے، ایک دن منی بائی کے کوٹھے پر مرحوم سے اتفاقیہ ملاقات ہو گئی۔ مجھے دیکھ کر ذرا برابر بھی نہ ہچکچائے۔ میں الٹے پاؤں لوٹنے کا ارادہ کر ہی رہا تھا۔۔۔۔۔۔۔۔۔۔۔۔ کہ مجھے کھینچ کر اپنے پاس بٹھالیا۔ مرحوم اس وقت شراب پی رہے تھے۔ کوئی اور گلاس موجود نہ تھا اپنا ہی گلاس میرے آگے کر دیا۔ ہائے اب ایسے لوگ کہاں۔ اس بڑھاپے میں بھی منّی بائی اُن پر کئی ہزار جان سے عاشق تھی۔ اُف۔"

کھی کھی کی آوازیں دوبارہ بلند ہوئیں اور پھر ایک گرج سنائی دی۔ دوسرے لمحے مرحوم کے چھوٹے بھائی کا ہاتھ میری گردن پر تھا اور میں خود سڑک پر۔۔۔۔

اس بار بھی غالباً کوئی خاص کمی رہ گئی تھی۔ خیر کوئی پرواہ نہیں کوئی بھی آرٹ جلدی سے نہیں آجاتا، برسوں کے ریاض کے بعد مہارت نصیب ہوتی ہے۔ اسی شام کی بات ہے کہ میں کلب میں بیٹھا برج کھیل رہا تھا، قریب کی میز پر ایک خاتون جو خاصی مشہور قسم کی افسانہ نگار ہیں، خاکسارانہ انداز میں لوگوں سے اپنے افسانوں کی داد وصول کر رہی تھیں۔

"واقعی آپ غضب کا لکھتی ہیں۔" ایک صاحب نے کہا۔

"بعض اوقات تو سچ مچ کمال کر دیتی ہیں۔" دوسرے صاحب نے کہا۔

"ارے میں کیا اور کیا میرے افسانے۔"

محترمہ چہکیں: "یوں ہی ٹوٹا پھوٹا لکھ لیتی ہوں۔"

میں نے تاش کے پتے میز پر رکھ دیے اور پیشانی سے پسینہ پوچھنے لگا۔ میرا دل شدت سے دھڑک رہا تھا۔ موقع شناسی کی رگ پھڑک اٹھی تھی۔ قبل اسکے کہ وہ کچھ اور کہتیں میں بول پڑا۔

"واقعی آپ اتنا ٹوٹا پھوٹا لکھتی ہیں کہ بعض اوقات دو جملوں کا درمیانی فاصلہ ناپے بغیر قاری آگے بڑھ نہیں سکتا، ایک صاحب تو یہاں تک کہہ رہے تھے کہ اپ کا کوئی افسانہ مکمل ہی نہیں ہے۔"

"جی۔" وہ صاحبہ ہونٹ بھینچ کر گرم لہجے میں بولیں:

"کیا آپ کسی افسانے کے بارے میں ثابت کر سکتے ہیں۔"

ان کے کڑے تیور دیکھ کر میں بوکھلا گیا۔ یوں بھی عورتوں سے خائف رہتا ہوں، خصوصاً جب عورت غصّے میں ہو۔ میری سمجھ میں نہیں آرہا تھا کہ اب کیا کہوں۔ بہر حال کچھ نہ کچھ کہنا ہی تھا، لہٰذا لڑکھڑاتی زبان کا چرخہ چل پڑا۔

"آپ غلط سمجھیں میں تو۔ میں تو۔ میرے کہنے کا مطلب یہ ہے کہ آپ کے افسانے بالکل لغو اور لچر۔ ارے توبہ۔ لاحول ولا قوۃ۔ کہنے کا مطلب یہ کہ آپ بالکل۔ بل بل بل بالکل گدھی۔ ارے لاحول۔"

میں نے اپنا منہ دونوں ہاتھوں سے بھینچ لیا۔

شَٹ اَپ۔ ان کی سُریلی آواز امریکن انجن کی کریہہ الصوت سیٹی کی طرح گونج اٹھی۔

بعد میں سنا ہے کہ وہ مجھ پر ہتک عزت کا دعوی کرنے والی ہیں۔

اس قدر حوصلہ شکنیوں کے بعد بھی میرے عزم و استقلال کا وہی حال تھا۔ اور یہی چیز مجھے اس بات کا یقین دلا رہی تھی کہ ایک نہ ایک دن مرکزی حکومت کے کسی شعبے میں کسی بڑے عہدے پر فائز ہونے کا موقع مل جائے گا۔ اچھا ہی ہوا جو میں لیکچرار نہ ہو سکا۔

اس سلسلہ میں اپنے تجربات کہاں تک گنواؤں کیونکہ فہرست بہت طویل ہے۔ چلتے چلاتے ایک واقع اور بیان کروں گا تاکہ آپ بھی اس سے سبق حاصل کر سکیں۔ اور یہ تو آپ جانتے ہی ہیں کہ میں محض اس لیے لکھتا ہوں کہ بہتوں کا بھلا اس کے پڑھنے سے ہو گا۔

نہ تو میں شہرت کا بھوکا ہوں اور نہ مضامین کے معاوضے کا، کیوں کہ کیونکہ شہرت کھانے سے اکثر بد ہضمی ہو جاتی ہے اور معاوضہ۔؟ یہ مغربی لعنت ہے۔ اس کا دستور صرف مغربی ممالک میں ہے۔ اپنے یہاں بھی بعض جرائد لکھنے والوں کا پیٹ پالتے ہیں۔ ہمیں ہر قسم کی مغربی لغویات سے باز آ جانا چاہیے۔ اگر ایسا نہ ہوا تو ہمارا ہر ادیب راک فیلر اور ہنری فورڈ ہو جائے گا۔ پھر رسائل کا جو انجام ہو گا، وہ ظاہر ہے۔

اس لیے ازراہ دُور اندیشی معاوضے قطعی بند۔ لاحول ولا قوۃ۔ کہاں کی بات کہاں نکل آئی۔ ہاں تو میں اپنا ایک بہت ہی ہمت شِکن اور صبر آزما تجربہ بیان کرنے جا رہا تھا۔ ہوا یہ کہ محلے کی ایک معمّر دوشیزہ ایک نابالغ لڑکے کو اغوا کر کے لے گئی۔ آپ جانتے ہی ہیں ایسے موقع پر کیا کچھ نہیں ہوتا۔ محلے میں کئی محاذ قائم ہو گئے۔ ہر محاذ پر ہر وقت دو چار مجاہد موجود رہتے اور کچھ اس قسم کی دل ہلا دینے والی گفتگو کرتے کہ ہر لحظہ آفتاب سوا نیزے پر آتا معلوم ہوتا۔

بھلا بتائیے کہ میرے لیے اس سے بہتر اور کون سا موقع ہو سکتا تھا اور پھر مجھے دل کی بھڑاس بھی تو نکالنی تھی۔ آخر اس نامعقول عورت نے اس نیک کام کے لیے اُسی لڑکے کو کیوں منتخب کیا؟ کیا میں۔۔۔ خیر جانے دیجیے، آپ خود ستائی سمجھیں گے۔

بہر حال کہنے کا مطلب یہ کہ مجھے بھی اس جہاد میں حصہ لینے کی ٹھان کر گھر سے نکلنا پڑا۔ گلی کے موڑ پر پان والے کی دکان کے قریب تین چار مجاہد نظر آئے۔

"کچھ سنا آپ نے؟" ایک صاحب مجھے دیکھ کر بولے۔

"ہاں صاحب سنا؟"

میں نے اپنے چہرے پر زلزلے کے آثار پیدا کرتے ہوئے کہا۔ " قرب قیامت کی

نشانیاں ہیں، جناب۔"

"ارے صاحب دلّی لٹی، لاہور برباد ہوا۔ اب اس شہر کی باری ہے۔" خان صاحب اپنی ابابیلی مونچھیں پھڑکاتے ہوئے بولے۔ "اس پر بھی قہر نازل ہو گا۔"

"دہلی کا بھی عجیب واقعہ ہے۔" ایک صاحب نے کہا۔ "سننے میں آیا ہے کہ جب دلّی لٹ چکی تو کچھ باایمان لوگ ایک بزرگ کے پاس گئے اور ان سے دلّی کی تباہی کی وجہ پوچھی۔ انہوں نے جواب دیا۔

'فلاں محلے میں کل ہی ایک بچہ پیدا ہوا ہے، اس سے جا کر پوچھو تم کس کی اولاد ہو۔۔۔؟۔۔۔۔ تمہیں خود بخود دلّی کی تباہی کا راز معلوم ہو جائے گا۔'

چنانچہ لوگ بتائے ہوئے پتہ پر گئے۔ واقعی وہاں پر ایک بچہ پیدا ہوا تھا۔ ایک مرد صالح نے بزرگ کے سوال کو بچے کے سامنے دُہرایا، بچہ بعد حمد و ثنا کے گویا ہوا کہ وہ اپنے سگے ماموں کی اولاد ہے۔ اب آپ خود خیال فرمائیے۔ توبہ توبہ۔ معاذ اللہ۔

"دلّی کیوں نہ لٹتی۔ خدا کا قہر کیوں نہ نازل ہوتا۔"

جُملہ حاضرین اس بیان پر انگشت بدنداں رہ گئے۔۔۔ اور میں تو جھوم اٹھا۔۔۔ دل نے کہا:

اونا ہنجار اسے کہتے ہیں ہاں میں ہاں ملانا۔ میں نے دل سے کہا ٹھہر جاؤ دوست، اگر اس سے زیادہ شاندار طریقے پر ہاں میں ہاں نہ ملائی تو کچھ نہ کیا۔

"ہاں میاں کلجگ ہے، کلجگ۔"

خان صاحب ٹھنڈی سانس لے کر بولے۔ "جب تک ہمارے گھروں کا رکھ رکھاؤ ٹھیک نہ ہو گا۔ یہی سب کچھ ہوتا رہے گا۔ لڑکوں اور لڑکیوں کی تربیت بہت ضروری ہے۔ میں تو جناب سختی سے کام لیتا ہوں۔ بس یہ سمجھ لیجئے۔ کہ میری لڑکیاں اپنے خالہ زاد بھائیوں سے تک پردہ کرتی ہیں۔"

میں سمجھا تھا کہ ابھی کچھ اور کہیں گے مگر خان صاحب اسی جُملے پر رک گئے۔ میں اچھی طرح تیار نہ ہو پایا تھا۔ اگر بولنے سے پہلے سوچنے لگتا تو ممکن تھا کہ کوئی دوسرا اس زرّین موقع سے

فائدہ اٹھالیتا اس لیے میں بول پڑا۔

" ارے خان صاحب، یہ بھی کوئی کہنے کی بات ہے، بھلا آپ کے یہاں کی مستورات کا مقابلہ کون کر سکتا ہے۔ میر جمن صاحب آپ سے کیا عرض کروں، ابھی پرسوں کی ہی بات ہے کہ خان صاحب کی بڑی صاحب زادی کوٹھے پر کھڑی تھیں، میری نظر پڑگئی چھوٹتے ہی آنکھ ماردی اور سینے پر ہاتھ مار کر دو چار عشقیہ اشعار بھی پڑھے۔ مگر واہ۔ لڑکی ہو تو ایسی ہو، وہ دن ہے اور آج کا دن، پھر صاحبزادی کوٹھے پر نظر نہیں آئیں۔ اور خان صاحب کی بہو کا واقعہ۔۔۔۔"

"ٹھک۔۔۔"

کان کے قریب آواز سنائی دی، سر چکرایا۔ اور پھر آنکھ کھلی تو میں خان صاحب سے دس گز کے فاصلے پر نالی میں پڑا ہوا تھا۔ اب سمجھا کہ معاملہ کیا تھا۔ مگر واہ ری ہمت میں نے یہ زرین موقعہ بھی ہاتھ سے نہ جانے دیا۔ اور کنپٹی سہلاتا ہوا بولا۔

"واہ خان صاحب کیا مکا عنایت کیا ہے آپ نے، ارے اس وقت تو رستم کا پتہ بھی پانی ہو جاتا۔"

اور۔ پھر۔ اس سے آگے کہنے کی نوبت نہیں آئی۔ کیونکہ ٹھک۔ ٹھک۔ کی بے شمار آوازیں میرے کانوں میں گونج اٹھیں اور چالیس تک گننے کے بعد میں اچانک گنتی بھول گیا۔

اس وقت میں خیراتی اسپتال کے جنرل وارڈ کے ایک جُھلنگے پر چت لیٹا ہوا بانگ دہل یہ اعلان کرتا ہوں کہ میری ہمت اب بھی پست نہیں ہوئی۔ اب تو مجھے ضد سی ہو گئی ہے۔ اگر زندہ رہا (کیونکہ اس کے امکانات کم ہیں) تو یہاں سے چھٹکارا پاتے ہی چاپلوسی شروع کردوں گا۔

اے میری عظیم ترین روح، میں تجھے سلام کرتا ہوں۔

☆☆☆

Chaaplusi. Light-Essay by: Ibn-e-Safi
TaemeerNews, Dated: 31-3-2018

انشائیہ: ۵

اسٹیج بھر گیا تو بس!

عابد معز

جمعرات کی شام میں کہیں نہ کہیں کوئی نہ کوئی ادبی محفل ضرور منعقد ہوتی ہے۔ آپ نے کبھی نہ کبھی ایسی محفل میں شرکت کی ہوگی۔ میں ایسی محافل میں پچھلے پندرہ، بیس برسوں سے جاتا رہا ہوں کہ یہ میرا وقت گزاری کا مشغلہ اور شوق بھی ہے۔ دو چار ہفتے پہلے میں ایک محفل میں شریک تھا، محفل کا "معلنہ وقت" ہو چکا تھا۔ سوائے دو چار منتظمین کے کوئی اور موجود نہیں تھا اور یہ حضرت بھی انتظامات کے سلسلے میں ادھر ادھر دوڑنے میں مصروف تھے۔ انہیں کام نمٹانے کی جلدی تھی کہ کام تمام کرنے کے بعد تیار ہو کر اسٹیج پر بیٹھنا بھی تھا۔ جب کافی دیر ہو چکی اور لوگ آتے نہ دکھائی دیئے تو میں نے منتظم اعلیٰ سے، جو اس محفل کی صدارت بھی کرنے والے تھے پوچھا:

"کیا ابھی دیر ہے؟"

"کچھ منٹ اور انتظار کیجئے۔" موصوف نے جواب دیا:

"میں نے فون کیا ہے، مہمانان خصوصی اور اعزازی راستے میں ہیں۔ کبھی بھی پہنچ سکتے ہیں۔ اسٹیج بھر گیا تو بس! ہم پروگرام شروع کرتے ہیں۔"

"اور سامعین؟" میں نے سوال کیا۔

"سامعین کا بھروسہ نہیں۔ معلوم نہیں آئیں گے بھی یا نہیں۔" پاس کھڑے ایک دوسرے منتظم نے جواب دیا۔

پھر میں نے دیکھا کہ اسٹیج بھر گیا تو پروگرام شروع ہوا۔ اسٹیج کے سامنے چند لوگ بیٹھے

تھے جس میں سے ایک صاحب تو فوٹو گرافر تھے دوسرے مائیکروفون ٹیکنیشن تھے اور دو چار ایسے معززین تھے جنہیں اسٹیج پر مختلف بہانوں سے بلایا گیا تھا۔ کبھی مہمان خصوصی یا اعزازی کی گلپوشی کرنے، کبھی مومنٹو پیش کرنے یا کبھی کان میں کھسر پھسر کرنے کے لئے۔ یوں محسوس ہوتا تھا جیسے انہیں طمانیت دے کر بٹھایا گیا تھا کہ موقع بے موقع اسٹیج پر طلب کیا جاتا رہے گا۔ خالص سامع شاید ہی کوئی تھا۔ میں نے بے چین ہوتے ہوئے پھر اپنا سوال دہرایا:

"سامعین کہاں ہیں؟"

"تم نے بہت اہم سوال کیا ہے۔" میرے ایک شاعر دوست نے جواب دیا:

"سامعین آرام سے گھروں میں ٹیلی ویژن کے آگے صوفے پر نیم دراز ہیں۔ مختلف چینلز کی شکل میں کئی اسٹیج ان کے سامنے ہیں اور وہ مانوس ماحول میں بیٹھے تماشا دیکھ رہے ہیں۔"

ایک دوسرے صاحب نے اظہار خیال کیا: "وہ بھلا سفر کر کے محفل میں دو زانو بیٹھنے کیوں آنے لگے!"

یہی وجہ ہے کہ اب اسٹیج ہی سجتے دکھائی دیتے ہیں۔ ماضی کی طرح اب کوئی اسٹیج کا تماشا دیکھنے نہیں آتا۔ اب 'معززین' تماشا کرتے ہیں اور خود تماشابین بھی بنتے ہیں۔ اسی لئے اسٹیج کی آبادی میں اضافہ بھی ہوا ہے۔ اسٹیج پر لوگوں کی خاصی تعداد ہوتی ہے۔ جنہیں مختلف عہدے پیش کئے جاتے ہیں۔ محفل کا ایک ہی صدر ہوتا ہے لیکن یہ اختراع کی گئی ہے کہ محفل کے دو تین حصوں کے مختلف صدر ہوسکتے ہیں۔ یوں ایک اسٹیج پر دو تین صدور کی گنجائش نکل آتی ہے۔

مجھے ایک محفل یاد آرہی ہے جس میں ایک صاحب کو تہنیت پیش کی گئی تھی۔ تہنیت کے بعد مشاعرہ تھا اور مشاعرے سے پہلے ایک شاعر کے مجموعۂ کلام کی رسم اجرا بھی تھی۔ اس محفل کے تین صدور تھے۔ تہنیتی کارروائی کی صدارت ایک صاحب نے کی، دوسرے صدر کی صدارت میں کتاب کی رسم اجرا انجام پائی اور تیسرے صاحب نے مشاعرہ کی صدارت کی۔ تینوں صدور اسٹیج پر براجمان تھے اور ایک دوسرے میں گڈمڈ ہو رہے تھے۔ میری سمجھ میں نہیں آرہا تھا کہ کون کس

کام کا صدر رہے؟

اسٹیج پر صدر کے علاوہ نائب صدور اور دوسرے عہدیدار بھی جگہ پاتے ہیں۔ وہ کرتے کچھ نہیں، بس تشریف رکھتے ہیں۔ اب ایسا کوئی لزوم بھی نہیں کہ اسٹیج پر بیٹھنے والا ہر شخص سامعین کو مخاطب کرے بلکہ یہ بھی ضروری نہیں کہ وہ اسٹیج پر جگہ پانے کا اہل ہو! خاموش تماشا دیکھنے والے بھی اسٹیج پر بیٹھتے ہیں۔ اسٹیج پر بیٹھنے والے ایسے حضرات اسٹیج کے آگے بیٹھ سکتے ہیں لیکن نہیں بیٹھتے۔ وہ محفلوں میں اسٹیج پر بیٹھنے کے لئے ہی آتے ہیں۔ جہاں اسٹیج پر بیٹھنے کی گنجائش نہیں ہوتی اور جہاں خدشہ ہوتا ہے کہ انہیں اسٹیج پر ٹنگایا نہیں جائے گا تو ایسے لوگ محفلوں میں نہیں آتے۔

اسٹیج پر مہمان بھی ہوتے ہیں۔ خصوصی اور اعزازی۔ مہمانوں کی تعداد پر "دو یا تین بس" کی طرح کوئی پابندی نہیں ہوتی، کئی لوگ مہمان بن سکتے ہیں بلکہ بنائے جاتے ہیں۔ اب اسٹیج پر مہمانانِ خصوصی اور مہمانانِ اعزازی کی بھرمار ہوتی ہے۔ تین چار مہمانوں کی گنجائش نکل آتی ہے۔ زیادہ مہمان ہونے سے مقررین ان کا نام لینا بھول جاتے اور مہمان ناراض ہو جاتے ہیں۔ یہ ایک مسئلہ ہے۔

ایک ناظم محفل نے اس کا حل یوں نکالا کہ وہ مہمانوں کو نمبر دیتے ہیں، مہمان خصوصی نمبر ۱، نمبر ۲، مہمان اعزازی اول، دوم، سوم وغیرہ۔ اس طرح مہمانوں کو یاد رکھنے میں سہولت ہوتی ہے لیکن کبھی محسوس ہوتا ہے کہ جیسے مہمانان کی حاضری لی جا رہی ہے۔ مہمان خصوصی اور اعزازی کے علاوہ عام اور زبردستی کے مہمان بھی ہوتے ہیں۔ عام مہمان پہلے سے طے شدہ نہیں ہوتے وہ محفل میں یوں ہی چلے آتے ہیں یا کسی مہمان کے ساتھ ان کے مہمان بن کر چلے آتے ہیں۔ ایسے مہمان کے لئے بھی اسٹیج پر کرسی کا انتظام کرنا پڑتا ہے۔ جہاں عام مہمان ہوتے ہیں وہیں زبردستی کے مہمان بھی ہوتے ہیں۔ مان نہ مان میں تیرا مہمان کا نعرہ بلند کر کے ایسے مہمان اسٹیج پر ٹک جاتے ہیں اور انہیں یا کسی کو بھی اسٹیج سے نیچے اتارنا کسی مشکل میں پڑنے کے مترادف ہوتا ہے۔

اسٹیج کی آبادی میں وہ لوگ بھی ہوتے ہیں جو حقیقت میں محفل کا حصہ ہوتے ہیں یعنی وہ

لوگ جو تقریر کرتے، کلام پیش کرتے یا مضمون سناتے ہیں۔ ایسے لوگوں کی بھی خاصی تعداد ہوتی ہے۔ اسٹیج کا دامن تنگ ہوا تو انہیں اسٹیج کے آگے بٹھایا جاتا ہے۔ یوں محفل بھری بھری محسوس ہوتی ہے۔ اسٹیج پر محفل کا ناظم بھی ہوتا ہے۔ کاروائی چلاتا ہے۔ ایک سے زیادہ ناظم کا رواج بھی چل پڑا ہے۔ دونوں یا تینوں جگل بندی میں نظامت کرتے ہیں۔ دو یا تین ناظموں کے ساتھ کوئی منتظم اعلیٰ بھی ہوتا ہے جو ان کو ڈائریکٹ کرتا رہتا ہے۔ ناظم کی خوبی یہ ہوتی ہے کہ وہ شروع سے آخر تک اسٹیج پر موجود رہتا ہے جب کہ دوسرے لوگ اسٹیج سے آتے جاتے رہتے ہیں۔ جب کوئی اسٹیج چھوڑ کر جاتا ہے تو وہ خود اپنی جگہ کسی کو دے جاتا ہے یا منتظمین اس کی جگہ پر کر دیتے ہیں۔ بعض لوگ اسٹیج پر بیٹھتے نہیں لیکن وہ اسٹیج پر اتنا زیادہ آتے جاتے رہتے ہیں کہ محسوس ہوتا ہے کہ وہ اسٹیج پر ہی ہیں۔

بہر کیف دور حاضر کی محفلوں میں اسٹیج کی آبادی میں بہت زیادہ اور بے ہنگم اضافہ ہو رہا ہے۔ اسٹیج پر معززین دو تین صفوں میں بیٹھتے ہیں۔ انتشار کی سی کیفیت رہتی ہے۔ معلوم نہیں ہوتا کہ کون کہاں بیٹھا ہے۔ نام پکارنے پر اٹھتا ہے تو پتہ چلتا ہے کہ صدر تیسری صف میں دائیں کونے پر تشریف فرما ہے۔ ب یٹھنے کے لئے جگہ نہ بھی ملے تو لوگ اسٹیج پر کھڑے رہتے ہیں۔

☆☆☆

Stage bhar gaya to bas. Light-Essay by: Abid Moiz
TaemeerNews, Dated: 8-10-2018

انشائیہ: ٦

گود گودیاں

جاوید نہال حشمی

جب مجھے پہلی بار علم ہوا کہ مشہور صنعت کار اور ٹاٹا کمپنی کے بانی جے۔ آر۔ ڈی۔ ٹاٹا لا ولد تھے اور انہوں نے رتن ٹاٹا کو گود لیا تھا تو رتن ٹاٹا کی قسمت پر بہت رشک آیا۔

"کاش، مجھے بھی کوئی کروڑ پتی گود لے لیتا۔" میں نے ایک دن حسرت آمیز سانس کھینچتے ہوئے کہا۔

"اپنے والدین کے سامنے اپنی اس حسرت کا اظہار مت کر بیٹھنا۔ باٹا کے اتنے جوتے سر پر پڑیں گے کہ ٹاٹا کا نام بھی بھول جاؤ گے۔" میرے دوست نے گویا مجھے محتاط کرتے ہوئے کہا۔

"اب تو گود لئے جانے کے لئے یتیم ہونا کوئی ضروری ہے کیا؟"

میرے دوست نے مجھے یوں گھورا گویا میرا دماغ چل گیا ہو۔

"میں کمبھ کے میلے میں بھی تو کھو سکتا تھا، اور پھر وہاں سے یا تو براہِ راست یا پھر یتیم خانے کے راستے کسی 'گولڈن گود' تک رسائی ہو سکتی تھی۔"

"نہیں ہو سکتی تھی۔" میرے دوست نے پُر یقین لہجے میں کہا: "کمبھ کے میلے میں کھونے کے لئے جڑواں بچوں کا ہونا ضروری ہے۔۔۔ اور پھر تمہارے داہنے ہاتھ میں تو ٹٹّو بھی بنا ہوا ہے۔ کبھی نہ کبھی تو "رنگے ہاتھوں" پکڑے جاتے ہی۔ بیس پچیس سال بعد زندگی کے کسی نہ کسی موڑ پر اچانک یا تو تمہارا بھائی رقّت آمیز لہجے میں 'بھیّا' کہہ کر لپٹ جاتا یا پھر ماں اپنی بوڑھی آبدیدہ آنکھوں کے ساتھ گلوگیر آواز میں 'بیٹا' کہہ کر اپنی نحیف باہوں میں بھینچنے کی کوشش کرتی۔"

"یار، تم تو بڑے پتے کی بات کہہ رہے ہو۔ اتنا تجربہ کہاں سے حاصل کیا تم نے؟" میں نے اسے توصیفی نگاہوں سے دیکھتے ہوئے حیرت سے پوچھا۔

"میں نے ستّر، اسّی کی دہائی کی شاید ہی کوئی فلم چھوڑی ہو۔" میرے دوست نے فخریہ انداز میں کہا۔

پھر جب مجھے معلوم ہوا کہ رتن ٹاٹا کی بھی کوئی اولاد نہیں تو ایک دبی دبی سی خواہش دل میں اُبھری: کاش، اس بار میری باری ہو۔ پھر اپنے اس احمقانہ خیال پر خود ہی ہنسی آگئی۔ روایت تو بچّہ گود لینے کی ہے۔ اس عمر میں تو داماد گود لئے جاتے ہیں۔ ویسے گود لئے گئے داماد بھی گھاٹے میں نہیں رہتے۔ یہ الگ بات ہے کہ رتن ٹاٹا کی طرح ان کے دامن ہیروں سے نہیں بلکہ "موتی" سے بھرے ہوتے ہیں جنہیں وقت وقت سے نہلانا، کھلانا اور گھمانا بھی پڑتا ہے! یہی وجہ ہے کہ جب کوئی کسی گھر جمائی کو "نکما، کام چور، بے شرم" اور "مفت خور" جیسے القاب سے نوازتا ہے تو مجھے اس پر سخت اعتراض ہوتا ہے۔ "محنت مزدوری" کر کے کھانے والے ان لوگوں سے مجھ جیسے سرکاری نوکری کرنے والوں کو عبرت حاصل کرنی چاہئے۔

میرے آفس کے ایک چپراسی نے جب دوسری شادی کی تو میں اس کے کلیجے کی داد دیئے بغیر نہیں رہ سکا۔ جب پتہ چلا کہ دوسری والی اپنے ساتھ جہیز میں ایک عدد ریڈی میڈ بچہ بھی لائی ہے تو کلیجے کے ساتھ اس کے دِل کی بھی داد دینے پر مجبور ہو گیا۔ اور جب چند مہینوں کے بعد بھی اس کے چہرے کی رونق اور بشاشت جوں کی توں قائم رہی تو میں اس "دل کلیجی" کو قوت بخشنے والے معجون کا راز جاننے کے لئے بے چین ہو گیا۔ بیوی کی روز روز کی مائیکے جانے کی دھمکیوں سے تنگ آ گیا تھا۔ اسے سبق سکھانا ضروری تھا۔

"وہ برسرِ روزگار ہے اور اس نے شادی سے پہلے ہی کہہ دیا تھا کہ وہ کسی قسم کی مالی ذمّہ داری کا بوجھ مجھ پر نہیں ڈالے گی۔" چپراسی نے رازدارانہ انداز میں مسکراتے ہوئے کہا۔

"اوہ، تو یوں کہو تم نے اس سے شادی نہیں کی بلکہ اس نے شوہر گود لیا ہے۔" میں نے مایوسانہ انداز میں زبردستی مسکرانے کی کوشش کرتے ہوئے کہا۔

اب بھلا ایسی "لاخاوند اور باروزگار" بیگمات کتنی دستیاب ہیں؟

کچھ لوگ گود لینے کی بجائے گود دینے میں یقین رکھتے ہیں، اور یہ کوئی کم "دل کلیجی" کی بات نہیں ہے۔ بہت سے لوگ مرنے کے بعد بھی اپنی آنکھیں یا گردہ دان نہیں کرتے، دل تو بہت دور کی بات ہے (حالانکہ جوانی میں انہوں نے بیک وقت کئی افراد کو دل دینے، بلکہ بانٹنے یا یوں کہئے دونوں "آنکھوں سے "دل لُٹانے کی کوشش کی ہوگی)۔ گود دینے والے یہ لوگ اپنے "دل کے ٹکڑے" کسی کو دے کر جیتے جی ہارٹ ڈونیشن کا کارنامہ انجام دیتے ہیں۔ میرے ایک دوست نے بھی اپنے دل کا ایک ٹکڑا دان کیا تھا کیوں کہ اوپر والے نے انہیں "ٹرائی وَن، گِٹ وَن فری" کے مصداق جڑواں بچوں کی شکل میں ایک فاضل اولاد بطور بونس عطا کیا تھا۔

جہاں تک گود لینے کا تعلق ہے، اولادوں کی طرح بڑی بڑی کمپنیاں اور ادارے بھی گود لئے جاتے ہیں۔ گھاٹے میں چل رہی صنعتوں کی "فضول خرچی" سے تنگ آکر سرکار انہیں پرائیوٹ کمپنیوں کے حوالے کر دیتی ہے جب کہ پرائیوٹ کمپنیوں کی بیمار صنعتوں کو اچھی طرح دیکھ ریکھ کے لئے خود گود لے لیتی ہے۔

ابھی حال ہی میں کلکتے کے ایک اخبار کو دوسری بار کسی نے گود لیا۔ حالات اتنے ناسازگار ہیں کہ ایک دوسرے اخبار کو بھی مالکان کی کسمپرسی کی وجہ سے کسی اور کی گود میں پناہ لینی پڑی۔ اخبارات ورسائل گود لئے جانے کے سبب سب سے زیادہ فکرمند ملازمین ہوتے ہیں جنہیں اپنے گود میں پل رہے بچوں کے مستقبل کی فکر لاحق ہو جاتی ہے کیوں کہ نئے مالکان پتہ نہیں انہیں اپنا "ذاتی کام" آفس کے کمپیوٹر پر کرنے کی کھلی چھوٹ دیں گے بھی یا نہیں۔ اجازت اس لئے نہیں کہوں گا کہ وہ "جہاں چاہ وہاں راہ" کے مصداق کوئی نہ کوئی راستہ جلد یا بہ دیر نکال ہی لیں گے کیوں کہ اس

"سائیڈ بزنس" کی آمدنی کے سامنے ان کی تنخواہ کی اہمیت "قرض کی قسط" سے زیادہ نہیں ہوتی!

گودیوں میں جنریشن گیپ (Generation Gap) بہت نمایاں ہوتا ہے۔ جو ہمیں گود میں لئے لئے نہ جانے کتنی راتیں آنکھوں میں کاٹ چکے ہوتے ہیں، ہم چند لمحوں کے لئے بھی گود میں لے کر انہیں ان کے بستر سے اُٹھا کر صبح سویرے دھوپ میں پڑی آرام کرسی میں بٹھانا گوارہ نہیں کرتے اور انہیں "اولڈ ایج ہوم" نام کے ماڈرن اجتماعی گود میں ڈال دیتے ہیں! ہم اپنے بچوں کی "خوشیوں" کے لئے رات بھر جاگ سکتے ہیں لیکن ان کی "کھانسیوں" کے لئے نیند میں ذرا بھی خلل برداشت کرنا پسند نہیں کرتے۔

ویسے بھی انسان کی پوری زندگی ایک گود سے نکل کر دوسری گود میں پہنچنے تک کے وقفے سے زیادہ نہیں۔ دونوں گودوں میں فرق یہ ہے کہ پہلی گود میں ماں اس کے سوالوں کے جواب دیتی ہے جب کہ آخری گود میں اسے منکر نکیر کے سوالوں کے جواب دینے پڑتے ہیں۔ اس وقفے کے دوران اگر محتاط نہیں رہے تو ان دونوں گودوں کے درمیان ایک تیسری گود میں بھی "لینڈ" کرنا پڑ سکتا ہے:

بیرون ملک میڈیکل ریسرچ کے دوران ایک نوجوان نے ایک ایسی دوا تیار کی جس کی ایک گولی کھانے سے آدمی کی عمر آدھی گھٹ جاتی۔ اس نے گولیوں کی ایک شیشی اپنے والدین کو بھجوائی۔ ریسرچ مکمل کرنے کے بعد جب وہ نوجوان اپنے وطن پہنچا تو دیکھا کہ گھر کے دروازے پر ایک خوبصورت نوجوان عورت ایک ننھے سے بچے کو لئے بیٹھی تھی۔ اس نے پوچھا:
"محترمہ، آپ کون؟"
"ارے بیٹا، تو نے مجھے پہچانا نہیں؟ میں تیری ماں ہوں ماں، تیری دوا نے تو کمال کر دیا۔"
"اوہ۔" نوجوان ذہنی جھٹکے پر قابو پانے کی کوشش کرتے ہوئے بولا "لیکن ماں، یہ تمہاری گود میں بچہ کیسا ہے؟"

"ارے بیٹا، تو نے انہیں پہچانا نہیں؟ ہاں، تو انہیں پہچانے گا بھی کیسے۔۔۔ یہ تیرے باپ ہیں جنہوں نے مارے خوشی کے تین چار گولیاں کھالی تھیں!!!

☆☆☆

God-GoodiaN. Light-Essay by: Jawed Nehal Hashami
TaemeerNews, Dated: 28-07-2013

انشائیہ: ۷

جدہ کا جغرافیہ

علیم خان فلکی

دنیا کے ہر شہر کی طرح جدہ بھی نئے اور پرانے شہر پر مشتمل ہے۔ نئے شہر کے لوگ پرانے شہر میں بیٹی دینے نخرے دکھاتے ہیں اور پرانے شہر کے لوگ نئے شہر کا لڑکا ڈھونڈھتے ہیں۔

شرفیہ، غلیل، باب مکہ وغیرہ پرانے شہر کے علاقے ہیں جنکا دارالخلافہ 'باب مکہ' ہے۔ پرانے شہر میں کچرے کے ڈھیر زیادہ ہوتے ہیں جس کی اہم وجہ بقول نادر خان صاحب کے، پرانے شہر کے لوگ زیادہ نفاست پسند ہوتے ہیں، گھر زیادہ صاف رکھنے سے زیادہ کچرا نکلتا ہے۔ اِن محلّوں میں جمعہ کی نماز کا اہتمام زیادہ ہوتا ہے، اسی لیے جمعہ کے دن نلوں میں پانی ضرور آتا ہے۔

ہمیں پرانے شہر سے بہت محبت ہے۔ نئے شہر میں پڑوسی ایک دوسرے سے برسوں واقف نہیں ہوتے لیکن پرانے شہر میں لوگ ایک دوسرے کے گھروں کے اندر کی پوری پوری خبر رکھتے ہیں۔ عزیزیہ، باب مکہ، شرفیہ وغیرہ آپ کہیں بھی دیکھ لیجیئے جگہ جگہ مختلف گروپ کھڑے ہوتے ہیں۔ یہ جب تک ایک دوسرے کو پورے محلّے کی خبریں سنا نہیں لیتے گھر نہیں جاتے۔

ایمبسّی اسکول کے ٹیچرس کو بھی ہم نے دیکھا کہ وہ اِس مضمون کی Combined study کرتے ہیں جب تک یہ ہوم ورک پورا نہیں کر لیتے وہاں سے نہیں اُٹھتے۔ جگہ جگہ 'شارع غیبت' اِنہی لوگوں کیلئے بنائی گئی ہے۔ اِس فرضِ کفایہ کو ریاض والے 'حارہ شریف' میں اور دمام والے 'ثقبہ شریف' میں ادا کرتے ہیں۔ شام ہی سے جوق در جوق ایسے جمع ہونے لگتے ہیں جیسے عید گاہ میں تشریف لا رہے ہوں۔

سماجی اور سیاسی سرگرمیاں

جدہ تارکینِ وطن کا وہ تہذیبی مرکز ہے جہاں ہر دوسرا آدمی لیڈر تیسرا دانشور چوتھا مولوی اور پانچواں شاعر ہے۔ سارے اعلیٰ درجے کی کٹیگری [Category] کے لوگ ہیں، کیونکہ منجھلے درجے اور چھوٹے درجے کے لیڈر اور دانشور پیدا ہونے بند ہو گئے ہیں۔ یہ اور بات ہیکہ اِن میں سے آدھے پریشان حال ہوتے ہیں اور باقی آدھے بقولِ شاعر "خود اندھیرے میں ہیں اوروں کو دکھاتے ہیں چراغ"۔

اِسی لئے یہاں انجمنیں، جلسے اور انجمن ٹوٹنے سے پہلے کی گروپ فوٹوز زیادہ دیکھنے میں آتی ہیں۔ ایک صاحب جن کی اپنے بھائیوں سے عرصہ دراز سے بات چیت بند ہے، وہ 'علماء میں اتحاد کیسے پیدا کیا جائے' کے عنوان پر بڑی اچھی تقریریں کرتے ہیں۔ ایک صاحب کا کوئی بچّہ اسکول میں نہیں پڑھتا لیکن انہیں اسکول مینجمنٹ کمیٹی میں ہونے والی بدعنوانیوں سے اتنی دلچسپی ہیکہ اُنھوں نے اس موضوع سے متعلق ایک Yahoogroup کھول رکھا ہے۔

جدہ کی سڑکیں

ہماری سب سے پسندیدہ سڑک شارع ملک ہے یعنی Kings Road۔ یہ پہلے شارع ولیعہد یعنی Crown Prince Road تھی، جب سے یہ ترقی پا کر Kings Road بن گئی، ساری سڑکوں کی کنگ ہو گئی ہے۔ ایک گھنٹے کا فاصلہ اب پانچ منٹ میں طے ہو جاتا ہے کیونکہ اس پر دو عدد پُل اور ایک نفق یعنی Tunnel تعمیر ہو چکے ہیں۔ نفق سے گزرنے والے کو کیا کہتے ہیں، یہ ہم نہیں جانتے کیونکہ ہماری عربی کمزور ہے۔ منافق اگرچیکہ نفق سے مشتق ہے لیکن ہمیں یقین ہے کہ اس نفق سے گزرنے والے کو کچھ اور کہتے ہوں گے۔ اس نفق سے متصل شارع توبہ ہے اگرچیکہ توبہ آسان اور بہت چھوٹی سی شارع ہے اور مدینہ اور شارع خالد بن ولید کو پہنچنے کے لیے بہترین شارٹ کٹ ہے۔ لیکن اس کے اختتام پر جیل ہے۔ اور جیل کے سامنے چیک پوائنٹ۔ اِس لیے ہم توبہ سے دور رہتے ہیں۔ یوں بھی جب سے نفق بنی ہے مدینہ اور خالد بن ولید کی ضرورت نہیں رہی۔

شارع ملک کا ایک سرا مکہ مدینہ ہائی وے سے ملتا ہے جہاں سے لوگ آخرت کی کامیابی کا راستہ پکڑتے ہیں اور دوسرا سرا سمندر سے ملتا ہے جہاں 'شادی شداؤں'، غیر شادی شداؤں اور بغیر شادی شداؤں کی تفریح کا الگ الگ سامان موجود ہے۔ جہاں بچّے آتش بازی اور پتنگ بازی کا لطف لیتے ہیں اور بچوں کے ابّا نظر بازی کا۔

شارع ملک کے متوازی شارع فلسطین ہے۔ اِسکی نام رکھائی ہماری سمجھ میں نہیں آئی کیونکہ مکہ روڈ اور مدینہ روڈ تو اِسم با مسمّٰی ہیں مکہ روڈ سیدھے مکہ لے جاتی ہے اور مدینہ روڈ مدینہ، لیکن فلسطین روڈ فلسطین نہیں لے جاتی بلکہ 'امریکن ایمبیسی' لے جاتی ہے جس کے اطراف اگر آپ نے گاڑی روکنے کی حماقت کی تو وہی حشر ہو سکتا ہے جو غازہ پٹی پر ہو سکتا ہے۔ حالانکہ امریکنوں نے فلسطین روڈ کی حفاظت کے لیے اپنی ایمبیسی اسی روڈ پر بنائی ہے۔ لیکن لوگ اس کا مطلب الٹا لیتے ہیں شائد اسی لیے اس شارع پر کبھی کبھی فلسطین جیسے حالات پیدا ہو جاتے ہیں اس لیے ہم فلسطین سے دور رہتے ہیں۔

مدینے کی سڑک سب سے سیدھی سڑک ہے اِس کے آغاز پر ہی مسجدِ جفالی ہے جہاں قتل اور منشیات کے مجرموں کا قصاص کیا جاتا ہے۔ دو کام ایسے ہیں جن کا اتنا عبرتناک انجام دیکھنے کے باوجود لوگ باز نہیں آتے ایک تو قتل و منشیات کی اسمگلنگ اور دوسرے شادی۔ لوگ قصاص ہونے پر تالیاں بجاتے ہیں اور نکاح ہو جانے پر مصری بادام لٹاتے ہیں۔

زیادہ تر سڑکیں اہم شخصیات کے نام پر رکھی گئی ہیں۔ جس شخص کی جتنی اہمیت ہے اسی سائز کی سڑک اس کے نام سے منسوب ہے۔ مودودی اور حسن البناؒ وغیرہ کے نام بھی پرانے شہر میں چند درماندہ گلیاں منسوب ہیں جہاں اکثر لوگ بے روزگاری کے زمانے میں رہتے تھے۔ یوں بھی شارع مودودی پر قدیم ماڈل کی گاڑیوں نے مکمل قبضہ کیا ہوا ہے کسی نئی گاڑی کو پارکنگ ملنے کا وہاں سوال ہی پیدا نہیں ہوتا۔ اگر کوئی پرانی گاڑی ہٹتی بھی ہے تو اسی کے رشتہ دار یا منظورِ نظر کی گاڑی وہاں پارک ہو جاتی ہے، باقی لوگ تو گھوم گھوم کر باہر نکل جاتے ہیں۔ اب یہ شارع اسی حد تک رہ گئی

ہے کہ آپ چند منٹوں کیلیے ڈبل پارکنگ کریں اپنے مطلب کی چیز خریدیں اور تشریف لے جائیں۔

جدّہ کے ایکسیڈنٹ

ایکسیڈنٹ کی شان یہ ہے کہ دور سے نظر آجائے، یہ کیا کہ ہندوستان کی تنگ سست رفتار دھویں سے اٹی ہوئی سڑکوں پر، جہاں سینکڑوں تماش بینوں کی بھیڑ جمع ہو جاتی ہے اس بھیڑ کو چیرتے ہوئے جب ہم وقوعِ ایکسیڈنٹ پر پہنچتے ہیں تو پتہ چلتا ہے کہ ایک ماروتی کار کا دروازہ ابر ہم لنکن کے گال کی طرح پچکا ہے تو دوسری کار کا بونٹ شر دپوار کے منہ کی طرح ایک طرف سے لٹک گیا ہے۔ بھلا یہ بھی کوئی ایکسیڈنٹ ہوا؟ ایکسیڈنٹ کی شان دیکھنی ہو تو جدہ کی صاف ستھری چوڑی چوڑی سڑکوں پر دیکھیے۔ دور سے نظر آئے گا ایک کار مخالف سمت میں پھڑ پھڑا رہی ہوگی دوسری کار سڑک کے بیچوں بیچ آدھی اِدھر آدھی اُدھر آڑی ہو چکی ہوگی تین چار کاریں تو محض جماعت کا ثواب حاصل کرنے کی خاطر مصافحہ و بوسہ بازی کر چکی ہوں گی۔ قریب پہنچنے پر ایک کار مسندِ صدارت پر سڑک کے بیچ تارا بورا کا منظر پیش کر رہی ہوگی۔ دکن کی زبان میں 'گاڑی بیگن میں مل جانا' جسے کہتے ہیں وہ حقیقت میں ہمیں جدہ کے ایکسیڈنٹس میں ہی نظر آیا۔ لوگ گھٹنوں تک توپ اٹھا کر بھاگتے ہوئے آئیں گے اور یہ دیکھتے ہوئے بھی کہ ڈرائیور کے سر سے خون بہہ رہا ہے اس سے کہیں گے 'سلامات سلامات' یعنی "مبارک ہو مبارک ہو صرف سر ٹوٹا ہے ناک سلامت ہے"۔ لوگ بچوں کو ایکسیڈنٹ دکھا کر عبرت دلانے کی کوشش کرتے ہیں لیکن بچّے کہتے ہیں "ڈیڈی اپنے پاس بھی ایسی شاندار ماڈل کی نئی گاڑی ہونی چاہیے تاکہ ایکسیڈنٹ ہو جائے تو شرمندگی نہ ہو"۔

البتہ ایکسیڈنٹ کے بعد کا منظر جو ہندوستان میں دیکھ کر مزا آتا ہے اس سے ہم یہاں محروم ہیں۔ جوں ہی ایکسیڈنٹ ہوتا ہے دونوں ڈرائیور طیش میں باہر نکلتے ہیں تُو تُو میں میں کے ابتدائی کورس کے ساتھ ہی 'چٹاخ'، 'گھپ'، 'گھم' کی بمباری کے ساتھ پہلے دو گتھم گتھا ہو جاتے ہیں۔ 'چرّرّرّ ر' کی آواز آتی ہے تو پتہ چلتا ہے ایک کا شرٹ پھٹا اور دوسرے کی عینک کہیں دور جا گری۔ مزید دو چار گتھم گتھا نظر آتے ہیں۔ پتہ ہی نہیں چلتا کہ کون کس کو مار رہا ہے اور کسے بچا رہا ہے؟

بخدا ہم نے اس طرح کے جتنے مناظر دیکھے، ہر مرتبہ ایگ نئ گالی سے ہمارے کان آشنا ہوئے اور اب ہمارے پاس گالیوں کا اتنا ذخیرہ ہو چکا ہے کہ ہم 'غلطیات' کی ایک قاموس مرتب کرنے کے موقف میں ہیں، کیونکہ جب سے ہم نے خامہ بگوش کا جوش ملیح آبادی کی تحریروں پر یہ تبصرہ پڑھا ہے کہ:

"اگر کبھی غلطیات کی ڈکشنری لکھی جائے گی تو جوش کی تحریریں بہت کام آئیں گی"۔

تب سے ہم کو ایک ایسی ڈکشنری مرتب کرنے کا خیال رہتا ہے۔ اس کی ادارت کیلئے ہم ایک ایسے زندہ دل نوجوان صحافی کی تلاش میں ہیں جو صحافت میں کم از کم پچاس سال پورے کر چکا ہو، چاہے اس سے ادب کو کوئی فائدہ ہو یا نہ ہو۔ البتہ مستقبل کی نسلوں کو، جب وہ بھی ایم اے اردو کا امتحان لکھیں گی ضرور فائدہ ہو گا۔ ہو سکتا ہے وہ اپنے آبا و اجداد کے عہد کی زبان کے خزانے میں مزید اضافے کریں۔

بہر حال اب یہ منظر یہاں دیکھنے سے آنکھیں محروم ہیں البتہ کبھی کبھی تو تو میں میں ہوتی ہے اور پھر غوترے اور عقال ہوا میں لہراتے ہیں۔ دونوں فریق مرغوں کی طرح اُڑ اُڑ کر ایک دوسرے پر جاتے ہیں لیکن اس سے پہلے کہ باضابطہ مقابلہ ہو اور مزا آئے پولیس نہ جانے کدھر سے آ جاتی ہے، دونوں اپنی چوکڑی بھول جاتے ہیں، شرافت سے توپیں سیدھی کر کے جیب سے رخصہ استمارا (ڈرائیونگ لائسنس) نکال کر پیش کر دیتے ہیں۔

☆☆☆

The Geoghraphy of Jeddah. Light-Essay by: Aleem Khan Falaki
TaemeerNews, Dated: 29-3-2018

انشائیہ: ۸

نٹ کھٹ روزہ دار

نادر خان سَر۔گروہ

کھانا پینا ہمارے لیے کتنا ضروری ہے، اِس کا علم ہمیں تب ہوا، جب ہم سے پہلا روزہ رکھوایا گیا۔ بچپن میں رمضان کی ایک تپتی ہوئی دوپہر کا ذکر ہے کہ ہم روزے سے تھے اور افطار کی منزل ابھی دُور تھی۔ ہماری والدہ پاس بیٹھی چاول چُن رہی تھیں کہ بے خیالی میں ہم نے چاول کی ایک چٹکی اُٹھا کر منہ میں ڈال لی۔ والدہ نے چیخ کر اور ہمیں چونکا کر یاد دلایا کہ ہمارا روزہ ہے۔ ہمیں بڑا افسوس ہوا کہ کہیں روزہ تو نہیں ٹوٹ گیا۔ پھر اُنھوں نے اطمینان دلایا کہ نہیں! اگر بھول سے کچھ کھا لیا تو روزہ نہیں ٹوٹتا۔ یہ جان کر پہلے سے بھی زیادہ افسوس ہوا کہ کاش ہم بھول سے ٹھنڈے پانی کا ایک بڑا سا گلاس پی گئے ہوتے! کوئی فرحت بخش شربت ہی منہ میں اُنڈیل گئے ہوتے! اُس کے بعد کئی روزے رکھے اور چاہا کہ بھول جائیں کہ ہم روزے سے ہیں، لیکن لاکھ کوششوں کے باوجود ایسا نہ ہو سکا۔

یہ اُن دنوں کی بات ہے جب لوگ ہمیں چاند کہتے تھے۔ تب ہم یہ سمجھتے تھے کہ چاند صرف سال میں دو مرتبہ ہی نظر آتا ہے۔ وہ بھی اِتنا سا؛ ہمارے ناخن سے بھی چھوٹا! اور ذرا ترچھا۔ اِس کے علاوہ بھی ہم نے کئی بار پورا پورا چاند بھی دیکھا، لیکن کسی کو اُس کی طرف آنکھ اُٹھا کر بھی دیکھتے ہوئے نہیں دیکھا۔ جب کہ رمضان و عید کا چاند نظر نہ آئے تو بھی بہت سوں کو بڑے اہتمام کے ساتھ دیکھتے ہوئے دیکھا ہے، بلکہ شہادت دیتے ہوئے بھی دیکھا ہے۔

ہم بھی وہ دونوں چاند بڑے شوق سے دیکھتے تھے۔ اپنے چھوٹے چھوٹے قدموں سے دو،

دو سیڑھیاں پھلانگتے ہوئے مسجد کی چھت پر چڑھ جاتے اور جہاں سَر اُٹھایا وہیں چاند تلاش کرنے لگتے۔ وہاں شام کے دُھندلکے میں ہر بچہ الگ الگ سمت میں چاند ڈھونڈتا نظر آتا۔ گویا ہر بچے کے لیے الگ الگ چاند نکلنے والا ہو۔ ہماری کیفیت دیکھ کر کوئی بڑا ہمیں گود میں اُٹھا کر اُنگلی کے اشارے سے چند درختوں کے پیچھے آپس میں گتھم گتھا بجلی اور ٹیلی فون کے تار دکھاتا۔ پھر آسمان سے فضول باتیں کرتی اُونچی اُونچی عمارتیں اور اُن کے بیچ میں سے خالی جگہ تلاش کرکے گھوڑوں، پہاڑوں اور غُبّاروں کی شکل کے بادل دکھاتا۔ ہم اِس تمہید پر بے چین ہو جاتے۔ اِتنا سب کچھ دکھانے کے بعد وہ ہماری پلک جیسی کوئی چیز دکھا کر کہتا:

"دیکھو بیٹا! یہ وہی چاند ہے جس کا تمہیں سال بھر سے انتظار تھا"۔

ہم سر اُوپر اُٹھائے ایک ہاتھ سے اپنی ٹوپی سنبھالے اور دوسرے ہاتھ میں چپل تھامے وہ نازک سا، تِرچھا چاند دیکھتے، جسے دیکھ کر ایسا لگتا کہ اب ِگرا جب ِگرا۔ لیکن چاند سے زیادہ ہمیں اپنی ٹوپی کے ِگر جانے کا ڈر رہتا، کیوں کہ گھر لوٹنے پر کوئی یہ نہیں پوچھتا تھا کہ کتنی رکعتیں پڑھیں؟ امتحانوں میں کامیابی کے لیے دعا مانگی یا نہیں مانگی؟ وہاں تو سب سے پہلا سوال ٹوپی اور چپل کی سلامتی کے متعلق ہوتا تھا۔

ہاں تو!۔۔۔ بڑوں کے ساتھ جب بھی ہم چاند دیکھتے تو اُن ہی کے طریقے سے اپنی چھوٹی چھوٹی آنکھیں سکیڑ کر چاند کی طرف دیکھتے، پھر اُن کی طرف دیکھتے۔ وہ اگر آنکھوں کے آگے ہاتھ سے سائبان بناتے تو ہم بھی تھوڑی دیر کو اپنی ٹوپی چھوڑ کر اَپنا ہاتھ آنکھوں کے اُوپر رکھ کر چھوٹا سا سائبان بناتے۔ لیکن جب ہم بڑے ہوئے تو یہ کُھلا کہ یہ دُور کی چیزوں کو قریب دیکھنے کا کوئی جدید فارمولا نہیں ہے، بلکہ بڑے بوڑھے اپنی نظر کی کمزوری کی وجہ سے ایسا کرتے ہیں۔ آہ! بڑوں کی بعض عادتوں کی تقلید میں ہم نے اپنا بچپن بہت ضائع کیا۔

ہمارے دوست پُرجوش پُوری؛ اُس وقت ہم سے ایک دو سال بڑے ہوں گے۔ وہ بچپن میں روزے کم ہی رکھتے، مگر اکثر روزہ داروں جیسی شکل بنائے پھرتے اور روزہ دار کو جو مراعات

حاصل ہوتیں وہ پوری پوری استعمال میں لاتے، جب کہ۔۔۔۔۔

ہم نے اُن کو بھی چُھپ چُھپ کے کھاتے دیکھا ہے گلیوں میں

ہمارا ذاتی تجربہ ہے کہ افطار کے وقت دسترخوان پر وہی سب سے زیادہ ڈٹ کر کھاتا ہے جس نے روزہ نہیں رکھا ہوتا۔

اُن دنوں ہمیں کبھی کبھار محلے کی مسجد میں افطار کرنے کے مواقع بھی ملتے۔ مسجد کی بالائی منزل پر چھوٹی بڑی تھالیوں میں قسم قسم کے پکوان سجائے جاتے۔ افطار شروع ہوتے ہی بچے اُن پکوانوں کو تھالیوں کے باہر بھی سجا دیتے۔ ہر بچہ پورے کا پورا۔۔۔۔۔ اُن تھالیوں میں بیٹھنے کی کوشش میں ہوتا۔ کبھی کبھار دھکم دھکا میں کسی کی 'پانچوں انگلیاں تھالی میں ہوتیں اور سر لڑائی میں'۔

بڑے بچے جو عام طور پر ایسی ہنگامی افطاری میں ماہر و مشّاق ہوتے، وہ اپنے لیے جگہ بنانے کی غرض سے ہمارے سَر کی ٹوپی نکال کر دُور اُچھال دیتے۔ جب تک ٹوپی لے کر ہم واپس آتے، تب تک 'خالی' جگہ 'پُر' ہو چکی ہوتی اور تھالی 'پُر' سے 'خالی' ہو چکی ہوتی۔ وہ تمام چیزیں ہر بچے کی دونوں مٹھیوں میں ہوتیں اور کچھ اُن کے پھُولے ہوئے منہ میں بھی، اور یہ سب تو ہم چھیننے سے رہے!

بچوں کی نوچ کھسوٹ کا وہ منظر دیکھ کر ایسا محسوس ہوتا تھا کہ آج کے بعد دنیا سے کھانا پینا اُٹھ جائے گا۔ آج موقع ہے، نیت نہیں تو کم اَز کم پیٹ ہی بھر لیا جائے۔ اُس ہنگامے میں کچھ غریب بچے ایسے بھی ہوتے تھے جو افطار کے بعد اِدھر اُدھر بکھری ہوئی، کُچلی ہوئی اشیا چُنتے اور اپنی میلی ٹوپیوں میں ڈال کر گھر لے جاتے۔ یہ سب دیکھ کر ہم جب پُرجوش پُوری کو سمجھاتے کہ جو خوشی اپنا لقمہ دوسروں کو دے کر ملتی ہے، اصل میں وہی سچی خوشی ہوتی ہے۔ وہ کہتے:

"میں ایسا ہی کرتا ہوں۔ اپنا چھوٹا لقمہ دوسروں کو دے کر خوش ہوتا ہوں اور دوسروں کا بڑا لقمہ ہتھیا کر اُنہیں بھی خوش ہونے کا موقع دیتا ہوں۔"

رمضان میں ہر بچے کو گھر سے نماز اور افطاری کے لیے تھوڑی چھوٹ ملتی، اِس خیال سے

کہ بچے کا روزہ بہل جائے۔ ماں باپ یہ سوچ کر خوش ہوتے کہ ہمارا بچہ نمازی بن گیا ہے اور بچے خوشی سے مسجد میں دوڑتے پھرتے کہ اِتنی کھلی جگہ اُنھیں نہ اپنے گھر میں ملتی اور نہ پورے محلّے میں۔ مسجد میں آکر اُن کے ہاتھ پیر کھل جاتے۔

بچے اِس انتظار میں ہوتے کہ بڑے نیت باندھ کر پابند ہو جائیں اور وہ آزاد۔ پھر بڑوں کی کیا مجال کہ اُن کی طرف آنکھ اُٹھا کر بھی دیکھیں۔ جب نماز ختم ہوتی تو بڑے اُن بچوں کو ڈانٹنے سے زیادہ اُن کے والدین کو اِس ناقص تربیت پر کوستے اور غائبانہ مشورے بھی دیتے۔ وہ مشورے گھوم پھر کر خود اُن تک بھی پہنچتے تھے، کیوں کہ اُن کے اپنے بچے بھی اُس شرارتی ٹولے میں ہوتے، جن پر اُن کی نگاہ نہیں پڑتی تھی۔

یوں تو عام دنوں میں مغرب کے بعد ہمارے گھر کے دروازے باہر جانے کے لیے ہم پر بند ہو جاتے، لیکن رمضان میں تراویح تک ہمیں 'دینی' چھوٹ مل جاتی۔ تراویح میں اکثر یہ ہوتا کہ سجدے میں ہماری آنکھ لگ جاتی۔ ہم یہ سوچتے کہ کاش پوری تراویح سجدے میں ہوتی! تراویح میں امام صاحب تیزی سے سورۂ فاتحہ پڑھنے کے بعد جو کچھ پڑھتے تھے، اُس میں ہمیں ہر آیت کے آخری لفظ کے علاوہ کچھ سمجھ میں نہیں آتا تھا۔ ایک مرتبہ ہم نے امام صاحب سے 'چھوٹی سی' ہمت کر کے پوچھا بھی کہ وہ اِتنی تیزی سے کیوں پڑھتے ہیں؟ تو اُن کا جواب تھا کہ منتظمین نے آدھے گھنٹے میں تراویح ختم کرنے کی پابندی رکھی ہے۔ ہم نے اپنی ہمت بڑھائی اور کہا: "لوگوں کی سمجھ میں بھی تو کچھ آنا چاہیے۔"

"آہستہ پڑھنے پر بھی لوگوں کی سمجھ میں کیا آنے والا ہے؟ ایسا منتظمین کہتے ہیں۔ کاش منتظمین کو کوئی سمجھائے!" امام صاحب ہمیشہ اِسی طرح سرد آہ بھر کر اپنی بے اختیاری کا اظہار کرتے۔

رمضان کی اِتنی ساری خوشیوں کے بعد ہمیں عید کی دُہری خوشی ملتی۔ ہماری خوشی میں مزید اضافہ اُس وقت ہو جاتا، جب ہم بڑوں کو یہ کہتے سنتے کہ "یہ تو بچوں کی عید ہے۔" پھر ہم اُن

سے خوب عیدی وصول کر کے اُن کے قول و فعل میں تضاد پیدا نہ ہونے دیتے۔

ایک مرتبہ پُرجوش نے ہماری مٹھیوں میں 'کسمساتے' نوٹ دیکھے تو اُنہیں بڑا ترس آیا، نوٹوں پر نہیں ہم پر۔ وہ بولے:

"نادر خانُو! تم کب سُدھرو گے ؟ تمہارے ہاتھ میں اِتنے سارے پیسے دیکھ کر کوئی تمھیں ایک روپیہ بھی نہیں دے گا۔ اِن پیسوں کو جلدی سے کہیں ٹھُونسو اور ایسے بنو جیسے تمھیں کسی نے کچھ بھی نہیں دیا۔ بڑوں کو بھُولنے کی بیماری ہوتی ہے، اِس سے فائدہ اُٹھاؤ! مجھے دیکھو، میں نے تمہارے ابو سے دو۔۔۔۔۔۔۔ دوبار عیدی اَینٹھی ہے۔"

پُرجوش پُوری کا رمضان اور اُن کی عید اپنی جگہ۔ ہم اُن کا ہر سبق ہَوا میں اُڑا کر، اپنی پوری شرارتوں کے ساتھ ایک نئے چاند اور ایک نئے رمضان کے تصوّر میں گم ہو جاتے۔

☆☆☆

NaT khaT rozadaar. Light-Essay by: Nadir Khan Sargiroh
TaemeerNews, Dated: 22-3-2022

انشائیہ: ۹

تکلف برطرف - باپ کا دن ہے آج

زبیر حسن شیخ

بقراط کی دعوت پر آج ہم اور شیفتہ ظہرانہ پر روانہ ہوئے۔۔۔ راستہ بھر بقراط امریکہ میں مقیم اپنے بیٹے کے اعمال سیاہ پر روشنی ڈال ڈال کر چمکانے کی کوشش کرتے رہے۔۔۔ بتاتے رہے کہ کیسے وہ اعلی تعلیم کی غرض سے وہاں جاکر خود غرض ہو گیا اور پھر پلٹ کر کبھی نہیں دیکھا۔۔۔ کیونکہ وہاں پلٹ کر دیکھنے کی سخت ممانعت ہے۔۔۔ راستہ بھر وہ اپنے اکلوتے کی عاشقی اور مختلف شادی خانہ بربادیوں کی داستان بھی سناتے رہے۔۔۔ اور یہ بھی بتاتے رہے کہ بلآخر تھک ہار کر اس نے اب شادی نہ کرنے کا فیصلہ کرتے ہوئے اپنا گھر ہی بسا لیا ہے۔۔۔ اور تیسری صنف کے چند نوجوانوں کو اپنی پناہ میں لے کر ایک کثیر سرکاری امداد حاصل کر بیٹھا ہے۔۔۔ اور یہ بھی کہ اسی خوشی میں اس نے بقراط پر 'سرپرائیز گفٹس' کی بارش کر دی ہے جس میں آج ظہرانہ کی دعوت پیش پیش ہے۔۔۔

شیفتہ کو تکتے ہوئے دیکھ بقراط نے تصفیہ کر دیا کہ حضور 'سرپرائیز گفٹس' سے ہمارا مطلب ان تحفوں سے ہیں جنہیں آپ 'حیرت ناک' کہہ سکتے ہیں۔۔۔

فرمایا اماں تمھاری مراد خوفناک سے ہو گی۔۔۔

بقراط نے کہا۔۔۔ حضور پتہ نہیں ہوٹل پہنچ کر دیکھتے ہیں، یہ دیکھیے کچھ 'گفٹ کوپنس' امریکہ سے بذریعہ ای میل بدبخت نے ارسال کیے ہیں، جسے ساری عمر ہم کمبخت کہتے رہے۔

گاڑی ایک بے حد اعلی معیاری اور شاندار ہوٹل کے پورچ میں جاکر رکی تو دیکھا کہ ہوٹل کا نام۔۔۔ " امریکہ ان انڈیا" لکھا تھا۔۔۔ صدر دروازے پر ایک بڑا سا اشتہار دمک رہا تھا جس پر

انگریزی میں کچھ لکھا دیکھ کر شیفتہ نے سوالیہ نگاہ اٹھائی۔۔۔

بقراط نے کہا حضور لکھا ہے۔۔۔"تمھارے باپ کا دن ہے آج"۔۔۔

فرمایا یہ کیا تک ہوئی۔۔۔

بقراط نے کہا حضور تک نہیں یہ انگریزی کا اردو ترجمہ ہوا ہے۔۔۔ انگریزی میں یہ جملہ اتنا برا نہیں لگتا۔۔۔سناؤں۔۔۔

شیفتہ نے کہا اب رہنے دیجیے۔۔۔

آگے بڑھے تو عین دروازے پر ایک اور اشتہار چسپاں دیکھا۔۔۔ بقراط کی باچھیں کھلتی دیکھ شیفتہ سے رہا نہ گیا۔۔۔ فرمایا۔۔۔ ہم اس کا ترجمہ سننا گوارا نہیں کرتے لیکن تمھارے چہرے پر دوپہر کے بارہ بجتے دیکھ پوچھنا ضروری سمجھا کہ ایسی کیا بات ہے اس اشتہار میں۔۔۔

کہا حضور لکھا ہے۔۔۔ یہ ہمارا امریکہ ہے۔۔۔ آیئے خوب کھایئے۔۔۔ بل تمہارے بچے ادا کریں گے۔۔۔

یہ سنتے ہی شیفتہ نے کہا ہمیں تو کچھ شبہ ہے اس حیرت ناک دعوت پر۔۔۔ کہیں ناک میں مرغ دم نہ کر دے۔۔۔

بقراط نے پھر ایک بار شان سے امریکا سے بھیجے ہوئے کوپنز کو لہرایا اور ہم سب ہوٹل کے اندر لاونج میں جا پہنچے۔۔۔

خوش آمدید دستے نے ہمیں دیکھ کر مسکراہٹ بکھیری اور وہ بقراط کے مغربی لباس تک ہی پہنچ پائی، شیفتہ تک نہیں پہنچ سکی۔۔۔ آگے بڑھے تو ایک انتہائی خوش لباس جوڑے کو مسکراتے پایا جو ایکدوسرے کی قربت میں مخمور و مسرور لگ رہا تھا، گرچہ ایک حد فاصل قائم رکھی تھی لیکن پھر بھی انہیں دیکھ کر محسوس ہو رہا تھا کہ یہ دونوں تمام حدیں پھلانگ چکے ہونگے۔۔۔

فرمایا۔۔ میاں کہیں آپ ہمیں دھوکے سے کسی کی دعوت ولیمہ میں تو نہیں لے آئے۔۔۔اس سامنے کھڑے مسکراتے جوڑے کو دیکھ کر ہمیں تو یہی محسوس ہو رہا ہے۔۔۔

بقراط نے کہا۔۔۔ حضور یہ اس ہوٹل کے مینیجرز ہیں۔۔۔ قریب پہنچتے ہی دو دونوں گردن ہلا ہلا کر مسکرانے لگے اور انگریزی میں بقراط کو کچھ اس طرح سمجھانے لگے کہ شیفتہ سے رہا نہ گیا۔۔۔

فرمایا اماں ہو کیا رہا ہے۔۔

کہا حضور یہ پوچھ رہے ہیں کے حالات حاضرہ کے تحت یہاں اکل وطعام کی دو محفلیں ہیں ایک کا نام ہے "فیفا لاونج" جو فٹبال ورلڈ کپ کے شائقین کے لئے ہے اور دوسرے کا نام ہے " فادرز لاونج "۔۔۔ جس کے لئے ہم لوگ یہاں آئے ہیں۔۔۔

شیفتہ نے فرمایا میاں جب یہ کہہ رہے ہیں کہ تمھارے باپ کا دن ہے آج تو پہلے فیفا لاونج کا کچھ مزہ چکھ لیتے ہیں۔۔۔

یہ سن کر جوڑے نے کورس میں کہا حضور آپ کسی بھی لاونج میں بیٹھیے۔۔۔ دونوں مینوز کا مزا لیجیے۔۔۔

شیفتہ نے مسکرا کر کہا۔۔ جی جی شکریہ۔۔ آج ہمارے باپ کا دن جو ہے۔۔۔

بہر حال نشست پیش کرنے کے فورا بعد مختلف مینو کارڈز سامنے رکھ دیے گئے اور خوش آمدید کہنے کے ساتھ کچھ عرق رنگیں سے بھرے مرصع و مرقع کاسے بھی میز پر لا کر رکھ دئے گئے۔۔۔ سوں سوں کی آواز آنے پر ہم نے تعاقب میں نظریں دوڑائی تو وہ شیفتہ کی ناک پر جا کر رک گئی۔۔۔ بقراط نے ان کا مدعا سمجھ کر کہا حضور۔۔۔ وہ دیکھیے ایک جگہ لکھا ہے کہ۔۔۔ شیفتہ نے ٹوکا اور کہا بہتر ہے آپ ترجمہ کر کے بتائیں، بڑی کوفت ہوتی ہے، بقراط نے کہا۔۔۔

لکھا ہے 'باپ کو آج نشہ کرنا منع ہے۔۔۔'

فرمایا اس تحریر سے یہ " آج " نکال دیتے تو بہتر تھا۔۔۔

مینو کارڈز پر بقراط نے نظریں ڈال کر شیفتہ سے پوچھا کیا کیا کھائیے گا۔۔۔ فہرست پڑھ کر سناؤں یا اسکا ترجمہ۔۔۔

شیفتہ نے کہا اب اس ترجمہ سے بھی گزر جاتے ہیں۔۔ کہیے۔۔۔

بقراط نے فہرست پڑھنا شروع کی۔۔۔ فیفا لاؤنج میں پیش ہے "برازیلین شوخی" برطانوی تندوری۔۔۔ اسپینش انڈے۔۔۔ اطالوی چوزہ۔۔۔ فراں سی بکری۔۔۔ چائینیز کیڑے، امریکی یوروپی دیوانی ہانڈی۔۔۔ روسی کٹا کٹ۔۔ اور مشرقی شوربہ۔۔۔

یہ سب سنتے ہی شیفتہ لاحول پڑھنے لگے۔۔۔ بقراط نے کہا ٹھیک ہے تب "فادرز لاونج" کے مینو سے ہی کچھ منگوا لیتے ہیں۔۔۔ شیفتہ نے گردن ہلا کر اجازت دی۔۔۔ اور بقراط نے ترجمے کے ساتھ پڑھنا شروع کیا۔۔۔

باپ کا انڈا۔۔۔ باپ کے پائے۔۔۔ باپ کا جگر۔۔۔

شیفتہ نے مسکرا کر کہا۔۔ ذرا ان سے پوچھیے باپ کا مغز ہے یا نہیں۔۔۔

بقراط نے پاس کھڑے ہوئے بیرے کو بلا کر انواع و اقسام کھانے کا حکم دیا اور بیرے نے اپنے ماتحت کو لکھ کر فہرست تھما دی۔۔۔ بقراط نے شوخی سے پوچھا۔۔۔ جناب باپ کا مغز ملے گا۔۔

اس نے کہا۔۔۔ معاف کیجیے گا۔۔۔ ابھی ابھی ملک کے چند سیاسی رہنما آئے ہیں۔۔۔ اور اشارے سے دور بیٹھے ہوئے لوگوں کی طرف اشارہ کیا اور کہا۔۔۔ جناب اب یہ ڈش ختم ہو گئی ہے۔۔۔

بقراط نے اطراف میں نظریں دوڑا کر پوچھا۔۔ وہ بائیں طرف بیٹھے ہوئے مغربی مہمان رو کیوں رہے ہیں؟ بیرے نے کہا جناب فیس بک پر اپنے والد کا اتا پتا تلاش کر رہے تھے اور ابھی تک کوئی دعویدار سامنے نہیں آیا ہے، اس ہوٹل میں ایسا یہ پچاسواں واقعہ ہوا ہے آج۔۔۔ پتا نہیں امریکہ میں کیا ہو رہا ہو گا۔۔۔

بقراط نے پوچھا اور وہ جو بائیں طرف کے اہل مغرب بیٹھے خوشی سے اتنے ہنس کیوں رہے ہیں۔۔۔ اس نے کہا۔۔۔ ابھی ابھی انہیں ہندوستان میں کسی نے گود لیا ہے۔۔۔ کھانا میز پر لگتے ہی ہم سب ٹوٹ پڑے اور خوب شکم سیر ہو کر کھایا۔۔۔ بقراط کی ڈکاریں تھیں کہ تھمنے کا نام ہی نہیں

لیتی تھیں۔۔۔ اور شیفتہ تھے کہ ہر نوالہ ڈر ڈر کر حلق میں اتار رہے تھے۔۔۔ ہر ایک نوالے پر بقراط کی طرف خشمگیں نگاہوں سے دیکھ لیتے۔۔۔ ان کی آنکھوں میں بے یقینی کی کیفیت صاف جھلک رہی تھی۔۔۔ ابھی گلاب اور نیمو کے عرق میں ہم لوگوں نے اپنے ہاتھ دھو کر خشک کئے ہی تھے کہ حلق خشک ہو گیا۔۔۔ بیرا بل لے کر آ گیا۔۔۔ اور مسکرا کر میز پر رکھ دیا۔۔۔

بقراط نے حیرت سے پوچھا جناب یہ کیا ہے۔۔۔ ہمارے بیٹے نے کوپنز بھیجا ہے امریکہ سے۔۔۔ جس پر جلی حرفوں میں لکھا ہے۔۔۔ باپ کا دن ہے۔۔۔ خوب کھاؤ پیو۔۔ بل بچے ادا کریں گے۔۔۔ ہوٹل کی دیواروں پر بھی آپ لوگوں نے لکھ کر لگایا ہے۔۔۔ یہ کیا مذاق ہے۔۔۔

بیرے نے کہا۔۔۔ آپ نے کوپنز کی پشت پر پڑھا نہیں کہ کیا لکھا ہے۔۔۔

بقراط کے غصے سے دیکھنے پر اس نے کہا۔۔۔ لکھا ہے "ڈونٹ مائینڈ۔۔۔ سرپرائیز۔۔ سرپرائیز۔ اٹ از فادرز ڈے "۔۔۔

شیفتہ نے ہماری طرف کچھ یوں دیکھا جیسے کہہ رہے ہوں۔۔۔ اب آپ ہی کھانے کا کچھ حق ادا کرتے ہوئے بہتر ہے ترجمہ کر دیجیے۔۔۔ ہم نے کہا حضور اس کے یہ معنی ہوئے کہ "تکلف بر طرف۔۔۔ تمہارے باپ کا دن ہے آج "یعنی اب اولاد جو چاہے کریگی۔۔۔

بیرے نے بقراط سے کہا۔۔۔ جناب اب آہیں نہ بھریئے اور غصہ تھوک دیجیے۔۔۔ یہ سب ایک مذاق ہے جو امریکی بیٹے اپنے باپ سے کر رہے ہیں۔۔۔ یہ بل آپ اپنے باپ کا سمجھ کر ہی ادا کیجیے۔۔۔ اور ہاں اپنی امریکی اولاد کو اب فیس بک پر تلاش نہ کیجیے کیونکہ وہ اپنی اولاد کے ساتھ وہاں باپ کا دن منا رہی ہے اور خوب منا رہی ہے اور بل بھی ادا کر رہی ہے۔۔۔ ہماری ہوٹل میں یہ آج کا کوئی پہلا واقعہ نہیں ہے ایسے ہر سال ہوتا ہے یہاں۔۔۔ یہ امریکی تہذیب و ثقافت کا حصہ ہے اور ہمیں اس کا خیال رکھنا پڑتا ہے۔۔۔ اسی سے ہماری روزی روٹی چلتی ہے۔۔۔ بلکہ آج کل دنیا میں اکثر لوگوں کی اسی سے چلتی ہے۔۔۔ ان واقعات کو اب سب ہنسی خوشی قبول کرتے ہیں۔۔۔ لوگ خوش ہونے کے بہانے ڈھونڈتے ہیں۔۔۔ اب کیا کریں فطری طور پر کوئی خوشی کہاں ملتی ہے۔۔۔

خوشیوں کو بنانا پڑتا ہے صاحب۔۔۔ اور یہ کوئی امریکیوں سے سیکھے۔۔۔ کوئی ایک ایسا دن ہے جو وہ نہ مناتے ہوں۔۔۔ بھلے مصنوعی خوشیاں ہیں لیکن دیکھیے کیسے بنا رہے ہیں اور فروخت بھی کر رہے ہیں۔۔۔ ایک یہی چیز باقی بچی تھی دنیا کو امریکیوں سے خریدنے۔۔ غموں کا سودا کر کے وہ تھک چکے ہیں۔۔۔ ویسے اب ان کے پاس بھی فروخت کرنے کچھ کہاں بچا ہے۔۔۔ چلیے اب ادا کیجیے اپنے باپ کا بل۔۔۔ باپ کا دن ہے آج۔۔۔ ٹال مٹول مت کیجیے۔۔۔ ہر ایک کا باپ ہوتا ہے۔۔۔ آپ کا بھی کوئی باپ ہوگا۔۔۔ مفت خوروں کو یہ پتہ چلنا چاہیے۔۔۔

بقراط نے شیفتہ کی طرف شرمندگی سے دیکھا اور انہوں نے مدعا سمجھ کر بل ادا کیا۔۔۔ اور کہا میاں آج کل کی اولاد نے اپنے باپ کو زندگی سے ایسے باہر کر دیا ہے جیسے تہذیب کے فرزندوں نے ادب سے دین کو۔۔۔

☆☆☆

Surprise! Your father's day today. Light-Essay by: Zubair H Shaikh
TaemeerNews, Dated: 16-6-2014

انشائیہ: ۱۰

یومِ مادری زبان

مبارک علی مبارکی

"اجی سُنتی ہو!" میں نے بستری چائے یعنی بیڈ ٹی کی چسکیوں کے بیچ بیگم کو پُکارا۔

ویسے میں اُس وقت بستر پر نہیں تھا۔ بستر پر تو بیگم صاحبہ تھیں۔

میں تو آج بھی روزانہ کی طرح صبح صبح ہی اُٹھ گیا تھا۔ حسبِ معمول دو کپ چائے بنائی تھی۔ ایک پیالی اپنے لئے میز طعام یعنی ڈائننگ ٹیبل پر رکھی اور دوسری کپ "دستِ مبارک" میں لیکر بیگم کو جگایا۔

اُن کو چائے پیش کرکے کمرۂ طعام میں آکر چائے پیتے پیتے سامنے رکھا انگریزی اخبار پڑھنے لگا۔ پہلے ہی صفحے پر صدرِ مملکت، وزیرِ اعظم اور دیگر بہت سارے رہنمایانِ قوم و ملّت کی جانب سے "عالمی یومِ مادری زبان" کے مبارک موقع پر دلی مبارکباد دینے کی خبر شائع ہوئی تھی۔

کسی زمانے میں میری بھی ایک ماں ہوا کرتی تھیں اور وہ اردو ہی بولتی تھیں۔ اِس لحاظ سے میں اردو کو ہی اپنی مادری زبان سمجھتا ہوں۔

ویسے میرے بچّوں کی ماں بھی اردو ہی بولتی ہے۔ لیکن جو اردو وہ میرے ساتھ بولتی ہے وہ ذرا مختلف قسم کی ہوتی ہے اِس لئے میں اُس اردو کو مادری زبان نہیں "بیگمی زبان" کہتا ہوں۔

جی کیا کہا؟ میں اُن سے کس زبان میں بولتا ہوں؟

بھائی، یہ بھی کوئی پوچھنے والی بات ہے؟ مردوں کی مادری زبان چاہے کچھ بھی ہو اپنی بیگموں سے تو سبھی "شوہری زبان" میں ہی بات کرتے ہیں۔ کیونکہ اِس زبان میں بات کرنا شوہروں

کی صحت کے لئے بڑا مفید ثابت ہوتا ہے۔

ہاں تو میں کہہ رہا تھا کہ میں نے بالکل شوہرانہ انداز میں یعنی لگاوٹ بھرے لہجے میں بیگم کو پکارا "اجی، سُنتی ہو!"

جواباً بیگم نے حسبِ معمول "بیگمی اردو" میں چیختے ہوئے پوچھا، "کیا ہُوا؟ کیوں چیخ رہے ہو؟"

"بیگم دیکھو نا آج عالمی یومِ مادری زبان ہے۔" میں نے اپنے جذبات کو چُھپاتے ہوئے یعنی منمناتے ہوئے جواب دیا۔

"تو میں کیا کروں؟ اُٹھ کر ناچنا شروع کر دوں؟" بیگمی اردو میں پوچھا گیا۔

میں سمجھ گیا کہ اب شوہری زبان استعمال کرنے کا وقت آ گیا ہے۔ اِس لئے شوہری زبان میں جواب دینے کا فیصلہ کر لیا۔۔۔ یعنی خاموشی اختیار کر لی۔

میں خاموش ضرور ہوا تھا لیکن آج یومِ مادری زبان کے موقع پر اپنی مادری زبان اردو کے لئے کچھ کرنے کا جذبہ سرد نہیں پڑا تھا۔

"دی ٹائمز آف اِنڈیا" پڑھتے پڑھتے ایک انقلابی خیال ذہن میں آیا۔ کیوں نا آج اردو اخبار پڑھ کر اپنی مادری زبان کے ساتھ اظہارِ تعزیت۔۔۔ معاف کیجئے گا، اظہارِ عقیدت۔۔۔ کیا جائے۔

یہ خیال آتے ہی میں دودھ لانے کے بہانے گھر سے نکل کر سیدھا ڈوما بھائی کی پان دکان پر پہنچ گیا۔ ڈوما بھائی پان، سگریٹ، گُٹکا اور کچھ "دوسری چیزوں" کے ساتھ اخبار بھی فروخت کرتے تھے۔ دکان کے باہر ایک بینچ پر انگریزی، ہندی اور بنگلہ کے ساتھ کچھ اردو اخبارات بھی سجے ہوئے تھے۔ آج غور سے دیکھا تو یہ حقیقت آشکار ہوئی کہ ہمارے شہر سے اردو کے ایک دو نہیں بلکہ پورے چار چار اخبارات شائع ہوتے ہیں۔ میں نے ایک اردو اخبار اٹھایا، سرخیاں پڑھیں، ضرورتِ رشتہ کے اشتہار بھی پڑھے اور پھر دوسرا اخبار اُٹھالیا، پھر تیسرا اور اس کے بعد چوتھا اخبار اُٹھا کر اردو

کی خدمت کرتا رہا۔

دل کو کسی قدر سکون اور روح کو طمانیت کا احساس ہوا کہ آج میں اپنی زبان کے لئے کچھ کر پایا۔ پھر میں وہاں سے ایک پاکٹ سگریٹ، تھوڑا سا دِلی سکون اور تھوڑی سی روحانی طمانیت لیکر دودھ لینے چلا گیا۔ لیکن چاروں اخبار وہیں چھوڑ دیئے تا کہ دوسرے لوگ بھی اردو کی کچھ خدمت کر سکیں۔

گھر پہنچا تو بیگم بھری بیٹھی تھیں۔

"کہاں مر گئے تھے؟" بیگمی زبان پورے عروج پر تھی۔

"وہ دودھ کی گاڑی آج ذرا دیر سے آئی ہے۔" سُنتے ہیں بیوی سے جھوٹ بولنا گناہ میں شمار نہیں ہوتا۔

"کچھ فکر ہے؟ بیٹے کے اسکول کا گیٹ بند ہو جائیگا۔ یہ تمہارا اردو اسکول نہیں ہے۔ انگریزی میڈیم اسکول ہے۔" لہجے میں طنز اور فخر کی حسین آمیزش تھی، "چلو جلدی سے اپنی کھٹارا نکالو اور بچّے کو چھوڑ کر جلدی سے واپس آوٴ۔"

خیر صاحب، جلدی سے اپنی کھٹارا یعنی اسکوٹر نکالی اور اپنے ننّھے فرشتے کو لیکر لِٹل اینجلز اسکول کی طرف چل پڑا۔

میرا بیٹا ماشاءللہ خاندان کا نام روشن کر رہا تھا۔

نہیں نہیں، وہ ابھی نرسری میں ہی پڑھتا تھا۔ لیکن گھر میں آنے والے رشتے داروں کو گُڈ مارننگ ضرور بولتا تھا۔

ابھی کل شام ہی کی بات ہے بیگم کی ایک دور کے رشتے کی خالہ اپنی بیٹی کی شادی کا دعوت نامہ دینے آئیں۔

برخوردار ٹی وی پر کسی کے "من کی بات" سُن رہے تھے کیونکہ اب جناب نے کارٹون چینل دیکھنا بند کر دیا ہے۔

بیگم نے بیٹے کو آواز دی "بیٹا آنٹی کو گڈ مارننگ بولو۔"

بیٹے نے ٹی وی اسکرین سے نظریں ہٹائے بغیر ہی بآوازِ بلند "گُڈ مارننگ آنٹی" کہا تو ماں کا سینہ پھول کر چھپّن اِنچ کا ہو گیا۔ ٹی وی پر من کی بات ختم ہوئی تو طوطے کو۔ سَوری، بیٹے کو۔ آنٹی کے حضور میں پیش کیا گیا۔ کالے اون والی بھیڑ سے لے کر چینی خور جانی تک اور جیک کے پہاڑی سے گرنے سے لیکر ملکہ ُ انگلستان کو خوف زدہ کرنے والی بلّی تک کا حال آنٹی کو سُنوایا گیا۔

وہ بیچاری انگریزی نہیں جانتی تھیں لیکن شاباشی دینے میں اُنہوں نے کوئی کنجوسی نہیں کی۔ اور پتہ نہیں کیوں مجھے وہ سامعین یاد آ گئے جو سڑک کی مشاعروں میں میرے اشعار پر "جھوم جھوم کر" داد دیتے ہیں۔

لیجئے میں فخریہ جذبات کی رَو میں اصل قصّے سے سے ہی بھٹک گیا۔

ہاں تو میں کہہ رہا تھا کہ میں نے مصمّم ارادہ کر لیا تھا کہ آج میں اپنی مادری زبان کے لئے کچھ نہ کچھ کر کے ہی رہونگا۔

بیٹے کو اسکول پہنچا کر اور اُس کی ٹیچر کو گڈ مارننگ بول کر جلدی جلدی گھر واپس آیا۔ اور امورِ خانہ داری سے فراغت پا کر اپنے اسکول کے لئے نکل گیا۔

پہلے ہی پیریڈ میں دسویں جماعت کو اردو پڑھانی تھی۔ کلاس میں گیا، حاضری لی اور بچّوں سے کہہ دیا کہ آج میری طبیعت ٹھیک نہیں ہے۔ پڑھا نہیں پاؤنگا۔ تم لوگ چپ چاپ کلاس میں بیٹھو۔ یہ کہہ کر کامن روم میں آ گیا۔

دراصل میرا ذہن اردو کی خدمت کرنے کا کوئی طریقہ ڈھونڈ رہا تھا۔

دن بھر بیماری کا بہانہ کر کے اردو کی ایک بھی کلاس نہیں لی۔ اور دوسرا کوئی سبجکٹ میں پڑھاتا ہی نہیں تھا کیونکہ مجھے اردو کے علاوہ کچھ اور آتا ہی نہیں تھا۔

دماغ کام نہیں کر رہا تھا کہ آخر اردو کی خدمت کروں تو کیسے کروں؟

ایک بار سوچا کیوں نا اردو کے نام پر جوتے پالش کرنے بیٹھ جاؤں۔ لیکن پھر خیال آیا کہ

اگر بیگم کو پتہ چل گیا کہ میں سڑک پر بیٹھ کر جوتے پالش کر رہا تھا تو فوراً چیخ چیخ کر ہمیشہ کے لئے مائیکے جانے کی دھمکیاں دینے لگینگی۔

ویسے اگر مجھے ذرا بھییقین ہوتا کہ وہ اپنی دھمکیوں کو عملی جامہ بھی پہنائینگی تو میں کب کا بوٹ پالش کا ڈبّہ لیکر چورنگی روڈ پر بیٹھ گیا ہوتا۔

بہر حال اردو کی ایک بھی کلاس لئے بغیر سارا دن گزر گیا۔ اور میں فیصلہ نہ کر سکا کہ اپنی مادری زبان کی خدمت کے لئے کون سا بے مثال کارنامہ انجام دوں۔

ایک ہارے ہوئے کھلاڑی کی طرح آہستہ آہستہ بس اسٹاپ کی طرف بڑھ رہا تھا کیونکہ اچھے دنوں کی آمد کے بعد سے میں اسکوٹر کا استعمال صرف بیٹے کو "انگریزی میڈیم" اسکول پہنچانے کے لئے ہی کرتا ہوں۔

اچانک موبائیل کی گھنٹی بجی۔ دوسری طرف خارؔ گلاب پوری تھے۔

میرے سلام کا جواب دیئے بغیر ہی بولے " بھائی آج خدائی خدمتگارانِ اردو کے مشاعرے میں چل رہے ہیں نا؟"

میں نے غصّے سے جواب دیا" ارے اُس خدمتگار کے بچّے نے جب مجھے مدعو ہی نہیں کیا تو میں کیوں جاؤں اُس کا مشاعرہ سُننے ؟ لفافہ دینے کی اوقات نہیں تھی تو کہدیتا۔ میں تو مفت میں پڑھنے کو بھی تیّار رہتا ہوں۔ مجھے نہیں جانا اُس بے ادب کے مشاعرے میں۔"

خارؔ صاحب نے بڑے صبر کے ساتھ میری پوری بات سُنی اور بولے " بھائی آپ جیسے عظیم شاعر کو نظر انداز کر کے منتظمینِ مشاعرہ نے واقعی بہت بڑا گناہ کیا ہے۔ لیکن مشاعرہ میں بحیثیت سامع شرکت کرنا بھی اردو کی خدمت بلکہ عین کارِ ثواب ہے۔ اور آج یومِ مادری زبان پر مشاعرہ سُننے کے ثواب کا تو آپ اندازہ بھی نہیں کر سکتے۔"

نہ جانے کیوں خارؔ صاحب کی باتیں میرے دل کو چھُو گئیں۔

رات کا کھانا کھا کر، برتن دھوئے بغیر، مشاعرہ شروع ہونے کے بعد مشاعرہ گاہ میں پہنچا

اور پیچھے کی صف میں انجان لوگوں کے بیچ جا کر بیٹھ گیا۔ اور پھر صدارتی کلام شروع ہوتے ہی وہاں سے نکل گیا۔

لله کا لاکھ لاکھ شکر ہے کہ کسی شاعر یا شناسا کی نظر مجھ پر نہیں پڑی اور میں اردو کی بے مثال خدمت کرنے میں کامیاب ہو ہی گیا۔

☆ ☆ ☆

A satirical essay on Mother language Day. by: Mubarak Ali Mubarki
TaemeerNews, Dated: 23-2-2018

انشائیہ: ۱۱

ماہر بیاضیات

محمد سیف الدین

ماہ دسمبر کی آمد کے ساتھ ہی لوگ سال نو کے استقبال کی تیاریوں کا آغاز کر دیتے ہیں اور اگلے سال کی منصوبہ بندی میں جٹ جاتے ہیں۔ ہمارے عزیز دوست مرزا صاحب کو بھی نئے سال کی آمد کا بے صبری سے انتظار رہتا ہے اور ان کے اس انتظار کی وجہ دوسروں سے کچھ مختلف ہے۔ دراصل ماہ دسمبر کی آمد کے ساتھ ہی ہمارے مرزا صاحب نئے سال کی ڈائری حاصل کرنے کی جستجو میں سرگرداں رہتے ہیں۔ ان کی حتی المقدور کوشش رہتی ہے کہ انہیں کسی بڑی کمپنی کی خوبصورت ڈائری بطور تحفہ حاصل ہو جائے۔ موصوف صرف ڈائری حاصل کرنے میں ہی نہیں بلکہ ڈائری لکھنے میں بھی مہارت رکھتے ہیں۔ یوں تو کئی لوگ اپنی زندگی کے اہم واقعات کو اپنی بیاض میں محفوظ کرنے کے عادی ہوتے ہیں لیکن مرزا صاحب کی یہ عادت ہے کہ وہ عالمی اور قومی سطح کے اہم واقعات نہایت ہی پابندی کے ساتھ اپنی ڈائری میں نوٹ کرتے ہیں۔ یہ ان کا محبوب ترین مشغلہ ہے اور ایک عرصہ سے وہ خود کو اس مشغلہ کی نذر کر چکے ہیں۔

اس مشغلہ کو اختیار کرنے کے چند سال بعد مرزا صاحب نے اپنی ڈائری سے ماخوذ سال بھر کے اہم واقعات کو اخبارات کے سال نو ایڈیشن میں شائع کروانا شروع کیا۔ یہ سلسلہ اب بھی نہ صرف جاری ہے بلکہ ان کی کوشش کے سبب استقبال سال نو کے جلسے بڑے اہتمام کے ساتھ منعقد کئے جانے لگے ہیں اور ایسے بیشتر جلسوں میں ہمارے عزیز دوست محترم مرزا صاحب کو مہمان خصوصی کے طور پر مدعو کیا جاتا ہے تاکہ وہ سال گزشتہ کے اہم واقعات پر اپنے زریں خیالات کا

اظہار فرمائیں۔

اب مرزا صاحب عالمی اور قومی واقعات کے علاوہ سیاسی، ادبی، مذہبی، اسپورٹس، فلم اور دیگر زمروں کے تحت اہم واقعات کو اپنی ڈائری میں قلمبند کرنے لگے ہیں۔ اس طرح موصوف کی ڈائری ایک اخبار کے بجائے کئی اخبارات میں شائع ہونے لگی ہے۔ کسی اخبار میں عالمی، کسی اخبار میں قومی اور کسی اخبار میں ادبی، کسی اخبار میں جرائم کے واقعات، اس طرح ان کی ڈائری کے اقتباسات ماہر بیاضیات کے طور پر مشہور ہوگئے اور ادبی حلقوں میں ان کے نام کا ڈنکا بجنے لگا۔

وہ ماہر بیاضیات کی حیثیت سے مشہور ہو گئے اور سال کے آخری ایام میں سال بھر کے اہم واقعات کا تجزیہ کرنے والے کام نگار بھی اپنے کالم میں مرزا صاحب کے خیالات کو شامل کرنا ضروری سمجھنے لگے۔

ایک مرتبہ یکم جنوری کو شہر کے بیشتر اخبارات کے سال نو ایڈیشن میں مرزا صاحب کی ڈائری مع تصویر شائع ہوئی اور ہر اخبار میں ان کے نام کے ساتھ ماہر بیاضیات کا لقب درج کیا گیا۔ اس مرتبہ موصوف کی شہرت میں چار چاند لگ گئے اور استقبال سال نو کے جلسوں کا سلسلہ تھمتے ہی مرزا صاحب کی تہنیتی تقریب کی تیاریاں زور و شور سے شروع ہو گئیں۔ اس تہنیت کے وہ مستحق بھی تھے کیونکہ ایک ہی موقع پر، ایک ہی دن، مختلف عنوانات کے تحت مختلف اخبارات میں ان کی تحریروں کی اشاعت خود ایک بڑا کارنامہ تھا۔ بڑے سے بڑے دانشور اور ماہرین تعلیم کیلئے بھی بہ یک وقت مختلف اخبارات میں اتنے سارے مضامین لکھنا اور ایک ہی دن مختلف اخبارات میں شائع کروانا نا ممکن نہیں تو مشکل ضرور ہے۔

کچھ سال قبل ماہ دسمبر کے آخری ایام میں ہم اپنے دوست مرزا صاحب کے ساتھ ایک ادبی محفل میں شرکت کر کے رات دیر گئے واپس لوٹ رہے تھے کہ موصوف کو چائے کی طلب ہونے لگی اور ان کے اصرار پر ہم نے ایک ہوٹل پہنچ گئے۔ ہمارے ایک اور صحافی دوست اس ہوٹل میں پہلے سے ہی موجود تھے ہم تینوں چائے کی چسکیوں کے ساتھ ادھر ادھر کی باتیں کر رہے تھے کہ

نئے سال کی ڈائری کا بھی ذکر نکل پڑا۔ مرزا اس بات سے بخوبی واقف تھے کہ صحافی حضرات کو نئے سال کی ڈائریاں ایک سے زیادہ تعداد میں تحفتاً مل جاتی ہیں لہذا اس محفل میں دو صحافیوں کی موجودگی کو غنیمت جان کر انہوں نے اپنے دل کی بات کہہ ہی ڈالی۔ ہمیں اور ہمارے صحافی دوست کو ایک ساتھ مخاطب کرتے ہوئے ڈائری کی ضرورت کا مدعا بیان کر ہی رہے تھے کہ پڑوس کے ٹیبل پر بیٹھے، ہماری باتیں غور سے سن رہے ایک حضرت ہمارے ٹیبل کی خالی کرسی پر اچانک آدھمکے۔ انہوں نے نہایت ہی انکساری کے ساتھ اپنی گفتگو کا آغاز کیا اور کہنے لگے کہ میں کافی دیر سے آپ حضرات کی گفتگو سن رہا ہوں اور ڈائری کی ضرورت کے بارے میں سن کر مجھ سے رہا نہیں گیا۔ دراصل میں اسی علاقہ کے پولیس اسٹیشن سے وابستہ پولیس کانسٹبل ہوں۔ میرے پاس نئے سال کی ایک شاندار ڈائری موجود ہے جو اسی علاقہ کے ایک تاجر نے بطور ہدیہ مجھے دی ہے۔ یہ ڈائری میرے کسی کام کی نہیں اسی لئے ڈائری میں نے پولیس اسٹیشن میں رکھ دی ہے۔ موصوف نے اپنی گفتگو کا رخ اصل موضوع کی جانب موڑتے ہوئے کہا کہ بازار میں اس ڈائری کی قیمت کم از کم پانچ سو روپئے ہوگی، آپ جو بھی مناسب سمجھیں دے دیں۔ ہمارے صحافی دوست جو کہ کرائم رپورٹر تھے، پولیس والے کی باتوں کا زبردست لطف لے رہے تھے۔ دوران گفتگو پولیس والے پر جب اس بات کا عقدہ کھلا کہ یہ صحافیوں کا گروہ ہے تب اس کی حالت قابل دید تھی۔

خیر اس کانسٹبل نے اپنی چکنی چپڑی باتوں میں گھیر کر آخر کار ہمیں اس بات کیلئے منوا ہی لیا کہ ان کی ڈائری مرزا صاحب کیلئے بطور تحفہ قبول کرلیں۔ اس نے اتنی معصومیت سے یہ پیشکش کی ہم اس کی گذارش کو ٹھکرا نہ سکے۔ آخر کار رات کے تیسرے پہر پولیس اسٹیشن پہنچ کر ہم نے بذات خود اس کانسٹبل سے وہ ڈائری حاصل کی۔

مرزا صاحب نے یہ واقعہ اپنے دوست احباب میں اتنا مزہ لے کر اور سینہ تان کر سنایا جیسے انہوں نے کوئی قلعہ فتح کرلیا ہو۔ ہمارے ٹوکنے پر کہنے لگے کہ پولیس والے دوسروں کا مال ہڑپنے کیلئے مشہور ہیں اور اگر ہم ان کا مال مفت میں ہڑپ لیا تو یہ کیا کوئی قلع فتح کرنے سے کم ہے۔

مرزا صاحب کی ڈائری لکھنے کی لگن اور جستجو نے سبھی کو متاثر کیا اور تمام احباب ان کی زبردست تعریف کرنے لگے۔ ایک دفعہ اتفاقاً ہماری ملاقات مرزا صاحب کے پڑوس کے لڑکے سے ہو گئی اور دوران گفتگو موصوف کی ڈائری کا ذکر بھی نکل پڑا۔ اس لڑکے نے یہ حیرت انگیز انکشاف کیا کہ مرزا صاحب ڈائری لکھنے کیلئے کوئی محنت نہیں کرتے بلکہ کئی سال قبل اتفاق سے ایک طالب علم کا انگریزی رسالہ ان کے ہاتھ لگ گیا۔ مسابقتی امتحانات کی تیاری کرنے والوں کیلئے جنرل نالج کے اس رسالہ میں ہر ماہ پابندی کے ساتھ مختلف زمروں کے واقعات شائع ہوتے ہیں۔ مرزا نے اس رسالہ کو استعمال کرتے ہوئے شہرت حاصل کرنے کی ایک ترکیب سوچی اور اگلے ہی سال سے ان کی ڈائری اخبارات کی زینت بننے لگی۔ آخر کار ہمیں بھی اس راز کا پتہ چل گیا کہ ڈائری کیلئے مرزا صاحب حقیقت میں کتنی محنت کرتے ہیں۔

عام طور پر ڈائری لکھنے کے عادی خواتین و حضرات اپنی زندگی کے مختلف واقعات قلمبند کرتے ہیں۔ اکثر ڈائری میں صاحب ڈائری کی زندگی کی کئی پوشیدہ باتیں شامل ہوتی ہیں اسی لئے ہمارے سماج میں کسی اور کی ڈائری پڑھنا معیوب سمجھا جاتا ہے۔ جرائم پیشہ افراد کی ڈائریاں پولیس کیلئے ہمیشہ پرکشش ثابت ہوئی ہیں کیونکہ ان میں درج معلومات کی بنیاد پر دیگر کئی مجرمین کو گرفتار کیا جاتا ہے۔

جہاں دنیا میں ڈائری کو پوشیدہ رکھنے کا رجحان عام ہے وہیں ہمارے دوست مرزا صاحب نے ڈائری کو مقبول کیا بلکہ خود بھی سماج میں باعزت مقام حاصل کرنے میں کامیاب ہوئے۔ انگریزی رسالہ سے اہم واقعات کو اخذ کرنے کے بارے میں دریافت کرنے پر مرزا نے بتایا کہ اس طرح کی ڈائری لکھنے والے اخبارات اور ٹی وی کے ذریعہ معلومات حاصل کرتے ہیں اور اگر میں کسی رسالہ کا سہارا لیتا ہوں تو اس میں کیا برائی ہے۔

☆☆☆

An expert of Diaries. Light-Essay by: Mohammed Saifuddin
TaemeerNews, Dated: 21-1-2014

انشائیہ: ۱۲

کفن چور سے گفتگو

شیخ احمد علی

میری تدفین کو آدھا گھنٹہ بھی نہیں گزرا ہوگا کہ کسی نے میری قبر پر دستک دی۔

میں نے پوچھا: کون؟

آواز آئی: کفن چور۔

تعجب ہوا کہ آجکل چور بھی دستک دے کر آنے لگے ہیں، اور وہ بھی کفن چور۔ میں نے کہا:

دوست، مجھے کفن پہنے ہوئے ابھی کچھ ہی گھنٹے گزرے ہیں۔ کم سے کم ایک دن تو صبر کر لیتے۔ جب تک زندہ تھا، کسی نے میرے پھٹے پرانے کپڑوں پر دھیان نہیں دیا۔ سالوں بعد نیا لباس نصیب ہوا ہے، وہ بھی تم چھین لینا چاہتے ہو؟

جواب ملا: تم غریب ہی ٹھیک تھے۔ جب تک پھٹے پرانے کپڑے پہنے، منہ سے آواز نہیں نکلتی تھی۔ لیکن جیسے ہی نیا کفن پہنا، بولنے لگے ہو، اور وہ بھی اپنی موت کے بعد!

بات تو اس نے درست کہی تھی۔ جب تک زندہ تھے حالات کے ہاتھوں مجبور تھے۔ کبھی قرضدار کے طعنے سنتے تو کبھی مکان مالک گھر سے نکال دینے کی دھمکی دے دیتا۔ کسی کو دوست سمجھ کر مدد مانگتے، تو نظر انداز کر دیئے جاتے۔ زندہ رہنے تک اتنی گالیاں سن چکے تھے کہ کانوں کے ساتھ ساتھ زبان نے بھی کام کرنا بند کر دیا تھا۔ لب جب بھی ہلتے تو صرف عاجزی کرتے یا پھر بنا غلطی کے بھی سب سے معافی مانگتے۔ غربت اور حالات نے جیسے زبان پر تالے ہی ڈال دیئے تھے۔

جہاں دنیا بھر کے آگے شرمندہ ہو گئے تھے، وہیں ضمیر کی ملامت نے دل و دماغ پر ایک مہر سی لگا دی تھی۔ یہ تو اچھا ہوا کہ ہماری موت کا وقت پہلے سے متعین تھا، ورنہ دنیا میں پتا نہیں اور کیا کیا دیکھنا اور سننا پڑتا۔

بہر حال میں نے کفن چور سے کہا کہ اسے جب چوری کرنی ہی ہے تو پھر دستک دینے کی ضرورت کیا ہے۔ سیدھا قبر کھولے اور کفن چرا لے۔

وہ بولا: "صاحب، میں کفن چور ہوں۔ نیا کفن کچھ قیمت پر بیچ کر اپنے خاندان کا پیٹ پالتا ہوں۔ اور دستک اس لیے دیتا ہوں کہ میرے کام میں صاحب مزار کی بھی رضامندی بھی شامل ہو جائے۔ میں ان جیسا نہیں ہوں جو زندہ لوگوں کے جسم سے لباس اتار کر بیچ دیتے ہیں۔ یا پھر ایسے حالات پیدا کر دیتے ہیں کہ ایک غریب، ایک نئے لباس کے لیے، زندگی بھر ترس جائے۔ میں کفن اس لیے چراتا ہوں کی ایک مردہ انسان اسکا کیا کریگا؟ ویسے بھی کچھ دنوں میں اس کا بے جان جسم مٹی میں فنا ہو ہی جاتا ہے۔"

چور نے یقیناً پتے کی بات کی، چور ہو کر بھی اس میں سچ بولنے کا جذبہ تھا۔ یہ کم از کم ان ہزاروں لوگوں سے تو بہتر تھا جو سفید پوش بن کر لوگوں کے جسم کی کھال اتار لیتے ہیں۔ حالانکہ سب لوگ ایسے نہیں ہیں، لیکن اتفاق کہیں یا قسمت، ہمارا جن لوگوں سے واسطہ پڑا ان میں زیادہ تر مطلب پرست، خود غرض اور بے حس نکلے۔ کچھ تو ایسے تھے جو ہماری تعریف میں قصیدے پڑھا کرتے تھے۔ لیکن حالات نے جیسے ہی ہمارے خلاف کروٹ بدلی، وہ مصروف ہو گئے اور ہمارے لیے انکے پاس وقت نہیں رہا۔ کچھ ہمدرد ایسے بھی تھے، جن کے زبانی جمع خرچ نے ہمدردوں پر سے ہمارا ایقان ہی اٹھا دیا۔

ان کی مثال ایسی ہے جیسے ایک کشتی میں سوار کچھ افراد اس شخص کو، جو دریا میں ڈوب رہا ہے، یہ تیقن دے رہے ہیں کی وہ صحیح سلامت ساحل پر پہنچ جائیگا۔ ان ہمدردیوں کے اظہار کے بجائے، اگر وہ اس کی جانب ایک رسی پھینکتے، تو شاید وہ بچ جاتا۔ لیکن وہ ایسا کرنے تیار نہیں تھے،

کیونکہ وہ دریا میں اپنی خود کی غلطی سے گرا تھا۔ اسی لیے یا تو اسے خود تیر کر کنارے پہنچنا ہوگا، یا پھر ڈوب مرنا ہوگا۔

کفن چور کی بات سن کر ہمیں اس میں سچائی نظر آئی مگر ہم نے کہا کہ بھائی! ایک مردے کے جسم سے کفن چرانا بہت بڑا گناہ ہے۔

اس نے برجستہ کہا: "صاحب، یہ گناہ تو ہے۔ لیکن آج کے دور میں کون ہے جو ایسے گناہ نہیں کر رہا ہے؟ میں تو صرف دو روٹی کے لیے چوری کر رہا ہوں۔ لیکن کچھ تو مردوں کے ایصال ثواب کے نام پر چندہ جمع کرتے کرتے رئیس ہو گئے ہیں۔ ان کی چوری تو کوئی نہیں پکڑتا۔ لیکن میں اگر کفن چوری کروں تو میں اکیلا ٹھہرا گنہگار؟"

"لیکن بھائی" میں نے اسے سمجھانا چاہا۔

"دو وقت کی روٹی کے لیے چوری کرنا ضروری تھوڑی ہے۔ کئی تنظیمیں ہیں جو آج کل غریبوں کی بے لوث مدد کر رہی ہیں۔ ان سے تعاون کیوں نہیں مانگتے؟

"کیا آپکو کوئی مدد ملی، جو آپ سمجھتے ہیں کہ مجھے ملیگی؟ ان تنظیموں کے پاس غریب کا مطلب ہی کچھ اور ہے۔ انکی نظر میں غریب وہ ہے جو رکشا چلاتا ہو یا پھر کوئی نچلے درجہ کا کام کرتا ہو۔ انکی نظر میں غریب وہ ہے، جو ان پڑھ ہو۔ انکی نظر میں غریب وہ ہے، جو ظاہری طور پر بھی غریب نظر آئے اور انکے سامنے نظریں جھکا کر ہاتھ پھیلائے۔ یعنی ان سے مدد حاصل کرنے کے لیے پیدائشی غریب ہونا ضروری ہے۔ اگر کچھ حالات کی وجہ سے کوئی غربت یا پریشانی کا شکار ہو جائے، تو وہ مدد کا مستحق نہیں ہوتا ہے۔"

"بات تو تم نے صحیح کہی میرے دوست۔ لیکن پھر بھی چوری چوری ہی ہے اور یہ گناہ ہے، حرام ہے۔"

"کیا جھوٹ بولنا گناہ نہیں ہے؟ کیا سود پر پیسہ لینا حرام نہیں ہے؟ جب غریب مجبوری کی حالت میں جھوٹ اور سود کو جائز مان لیتے ہے، تو پھر کھلے عام چوری ہی کیوں گناہ ہے؟"

"اوہ ہو دوست! یہ تو تم نے پڑے پتے کی بات کی۔ اگر میں زندہ ہوتا اور دل دھڑک رہا ہوتا، تو یہ بات میرے دل میں ضرور اتر جاتی۔"

"حالانکہ آپ مردہ ہیں، لیکن آپکے منہ سے دوست سن کر اچھا لگا۔ کیونکہ زندہ لوگ تو مجھ جیسے غریب کو اپنا دوست نہیں بنائینگے۔ لیکن دوستی اپنی جگہ، اور میرا کام اپنی جگہ۔ میں ہر حالت میں آپکا کفن چراؤنگا۔"

"ٹھیک ہے بھائی، چرالینا کفن۔ ویسے بھی میں بے جان لاش ہوں۔ میں کونسا تمہیں روک پاؤنگا۔ جب تک زندہ تھا اور جسم میں جان تھی، تب میں لوگوں سے خود کو نہیں بچاپایا۔ بڑے شوق سے میرا کفن چرالو۔"

شاید چور کو میری بات پسند آئی۔ زندہ آدمی تھا۔ اور شاید اسکا دل اور ضمیر بھی زندہ تھا، کیونکہ وہ غریب بھی تھا۔ اس نے فوری قبر کھولکر کفن چرانے کے بجائے گفتگو کا سلسلہ جاری رکھا۔ لگتا تھا کہ وہ موت سے پہلے کے میرے حالات سے واقف تھا، اس نے پوچھا کہ مرنے کے بعد اپنے اہل و عیال کے متعلق میں کتنا فکر مند ہوں؟ سوال مضحکہ خیز تھا کیونکہ موت کے ساتھ فکر بھی مر جاتی ہے، لیکن بہر حال جواب طلب سوال تھا۔

میں نے کہا:

"موت کے بعد مجھے ان کی زیادہ فکر نہیں ہے۔ کیونکہ کئی فلاحی تنظیمیں بیواؤں کو وظیفے دیتی ہیں اور میری بیوہ بھی اب اس فہرست میں شامل ہو جائیگی۔ بچے چونکہ اب یتیم ہو چکے ہیں، اسی لیے سبھی فلاحی تنظیموں کی مدد کے وہ مستحق ہو چکے ہیں۔ کسی مدرسے میں شریک ہو جاینگے۔ اب ہر عید پر انکے لیے نئے کپڑوں کی بھی فکر نہیں ہے۔ ہر رمضان میں کچھ رئیس لوگ لمبی- لمبی قطاریں لگا کر کپڑوں کا ایک جوڑا یتیموں اور بیواؤں میں بانٹتے ہیں۔ تو اس قطار میں یہ بھی کھڑے ہو جائینگے۔ ہاں! ایک بات البتہ ضرور تشویشناک ہے۔ مدد دیتے وقت فلاحی تنظیمیں انکی تصویریں لیں گی، جسکے لیے انہیں ذہنی طور پر تیار ہونا پڑے گا۔"

چور نے یہ سب سن کر کہا:

"بھائی صاحب، یہ باتیں تو میرے دماغ میں آئی ہی نہیں۔ جن بیوی بچوں کو پالنے کے لیے ایک شخص دن رات محنت کرتا ہے، یہاں تک کہ چوری-چکاری تک کر رہا ہے، اسے کوئی نہیں پوچھتا۔ لیکن جب وہ مر جائے تو اسکے نام پر لاکھوں روپے بانٹے جاتے ہیں؟ یہ بھلا کیسا انصاف ہوا؟"

"ہاں میرے دوست، تمہیں یہ جان کر تعجب ہو گا کہ جس کفن کو تم چرانے آئے ہو، وہ کفن بھی ایک فلاحی تنظیم نے عطیہ میں دیا ہے۔ میرے زندہ رہنے تک کسی نے یہ نہیں دیکھا کہ میری جیب میں ایک پھوٹی کوڑی ہے بھی یا نہیں۔ لیکن میرے مرتے ہی، میری تدفین کے لیے کئی ہزار روپے منٹوں میں جمع ہو گئے۔"

"لیکن ایسا کیوں؟"

"ثواب کے لیے! آج کل ہر کسی کو ثواب حاصل کرنا ہے۔ جب زندہ تھا تو میں لوگوں کی نظروں میں جھوٹا اور ناقابل بھروسہ آدمی تھا، کیونکی مرے حالات خراب تھے۔ لیکن جیسے ہی میرا دم نکلا، میں اور میرے افراد خاندان مجبوروں اور بے کسوں کی فہرست میں گویا خودکار طور پر شامل کر لیے گئے۔"

اوہ! مگر ان فلاحی تنظیموں کو کوئی کیوں نہیں سمجھاتا کہ زندہ لوگوں کے لیے بھی کچھ کریں۔ ہم حالات کا شکار ضرور ہیں، غریب ضرور ہیں، لیکن ہم بھی ایک اچھی زندگی جینا چاہتے ہیں۔ ہمیں بھی جھوٹ سے نفرت ہے۔ ہم بھی سود کو حرام مانتے ہے۔ ہم بھی قابل بھروسہ ہیں۔ لیکن کوئی ہم پر پہلے بھروسا تو کر کے دیکھے"

"مشکل ہے میرے دوست۔ ہماری تنظیموں کو مُردوں پر زیادہ بھروسہ ہے۔ زندوں کے متعلق انکا نظریہ کچھ اور ہی ہے۔ زندہ شخص اگر امیر ہے، تو وہ ان کے جلسوں کے لیے چندہ دے، اور اگر غریب ہے تو جلسہ سننے آئے اور مجمع کا حصہ بنے۔ ان کی واہ واہی کرے، دوسرے دن اخبار میں تصویر چھپوائے اور کچھ مہینوں تک اس محفل کے تذکرے ہوں۔ کوئی ان کی تعریف کرے یا نہ

کرے، یہ بعد میں خود محفلیں منعقد کر کے اپنی تعریف میں قصیدے پڑھوا لیتے ہیں۔ ان کو قوم کے زندہ افراد کی تکلیف سے کوئی خاص دلچسپی نہیں ہے۔ اب تمہاری ہی بات لے لو۔ اگر کسی دن چوری کرتے ہوئے پکڑے جاؤ، تو یہ لوگ تمہاری ضمانت کے لیے پیسے نہیں دیں گے۔ ہاں! اگلے رمضان میں جیل میں تمہاری افطاری کا انتظام ضرور کر دیں گے۔"

"میرے فاضل دوست آپ کی بات تو اپنی جگہ بالکل صحیح ہے۔ لیکن میں کفن تو ہر حال میں چوری کرونگا، کیونکہ میرے بچے بھوکے ہیں اور میرے پاس کوئی اور کام نہیں ہے۔ میں اس وقت تک چوری کرتا رہونگا، جب تک قوم کے ٹھیکیدار مجھ جیسے زندہ افراد کی طرف توجہ نہیں دیتے۔ مجبوری کی حالت میں آج جو بھی گناہ مجھ سے سرزد ہو رہے ہیں، ان کے لیے میں حشر کے میدان میں ہر اس شخص کا دامن پکڑنگا جو میری مدد کر سکتا تھا، لیکن مجھے گناہ کے دلدل میں پھنستا دیکھ کر بھی اس میری کوئی مدد نہیں کی۔ اگر وہ آج میری وقت پر مدد کر دے دیتے، تو شاید کل میں کسی اور مجبور کی مدد کرنے کے قابل بن جاتا۔ مجھے معاف کرنا میرے دوست"

ان الفاظ کے ساتھ ہی اس چور نے میری قبر کھولی، ہاتھ بڑھایا اور زور سے میرا کفن کھینچا۔۔۔

میں زور سے چلایا اور چیخ پڑا۔۔۔ اس کے ساتھ ہی میری آنکھ کھل گئی۔ میں زندہ تھا اور خواب دیکھ رہا تھا۔

لیکن اس خواب نے تو حقیقت سے جڑی اتنی باتوں کو عیاں کر دیا کہ موت زندگی سے بہتر لگنے لگی۔ چور تو صرف کفن لے جاتا، لیکن زندہ رہنے پر بھی کچھ لوگ آپ کی عزت، راحت، نیند، چین، سکون سب کچھ یوں آرام سے چھین لیتے ہیں کہ انہیں اپنے اس ظلم کا احساس بھی نہیں ہوتا اور باقی لوگ دور کھڑے صرف تماشا دیکھتے رہتے ہیں اور پھر بعد میں سب کچھ بھول جاتے ہیں۔

☆☆☆

Kafan Chor se guftagu. Light-Essay by: Shaik Ahmed Ali
TaemeerNews, Dated: 29-9-2013

انشائیہ: ۱۳

کتاب کی واپسی

مکرم نیاز

روایت ہے جدید زمانے کی کہ ابلیس کے ایک ماہانہ اجلاس میں "بہترین کارکن" کا ایوارڈ دیے جانے کا فیصلہ ہو رہا تھا، معتقدین اپنے اپنے کارنامے بیان کر رہے تھے کہ کس طرح انہوں نے اپنے شاگردوں کی تعداد میں اضافہ کیا اور تاحال کیے جا رہے ہیں۔ آخر میں جب سب سے کم عمر مرید کی باری آئی تو وہ چند لمحے شرماتا رہا پھر سر جھکا کر مدھم لہجے میں بولا:

"میں نے اس تمام عرصے میں صرف ایک شاگرد بنایا۔"

اجلاس میں اچانک خاموشی چھا گئی اور تمام شرکا حیرت زدہ ہو کر اس نو آموز معتقد کو گھورنے لگے جس نے ہچکچاتے ہوئے دوبارہ اپنی زبان یوں کھولی:

"اور میں نے اپنے شاگرد کو کتاب لے کر نہ لوٹانے کا عادی بنا ڈالا"۔

شیطان اعظم کے تالیاں پیٹنے کی آواز آئی اور اسی نو عمر مرید کو "بسٹ ورکر" ایوارڈ کا حقدار قرار دیا گیا۔ اجلاس میں دائیں بازو کی بنچوں سے حزب مخالف نے اعتراض کیا کہ یہ کون سا عظیم کام ہوا؟ ہو سکتا ہے کتاب لے کر نہ لوٹانا شاگرد کی اپنی مجبوری رہی ہو یعنی غریبی یا مفلسی کے سبب وہ کتاب خریدنے کی استطاعت نہ رکھتا ہو۔ جواباً شیطان نے فرمایا:

"نادار یا مالدار طالب علم اگر باذوق اور بامروت ہو اور حصول علم کی سچی لگن رکھتا ہو تو وہ کبھی علم کا ذریعہ اپنے پاس روکے نہیں رکھتا۔ مانا کہ تم سب دریا کا بہاؤ غلط سمت موڑتے رہے مگر میرے اس نوخیز چیلے نے کمال یہ کیا کہ دریا کے درمیان ڈیم تعمیر کر ڈالا۔"

اس وضاحت نے شاید سبھی کو مطمئن کر دیا تھالہذا وہ سب اپنے نوعمر ساتھی کو داد دینے لگ گئے۔

بہت عرصے پہلے سمجھا جاتا تھا کہ مانگنے والوں کی دو قسمیں ہوتی ہیں۔ ایک وہ جو کتاب لے کر لوٹاتے نہیں اور دوسرے وہ جو کتاب لے کر حسب وعدہ لوٹا دیتے ہیں (چاہے طویل وقفے بعد سہی) لیکن جدید تحقیق نے ثابت کیا ہے کہ دونوں میں کچھ زیادہ فرق نہیں کیوں کہ کتاب جب آپ کو واپس ملتی ہے تو وہ ناقابل مطالعہ ہوتی ہے اور اس کے وہ زرین صفحات جس سے کہ آپ کو اپنے مضمون کے لئے مواد حاصل کرنا ہوتا ہے، ثابت و سالم نہیں رہتے۔ جب واپس ملنے والی کتاب کا کچھ ایسا حشر ہو سکتا ہے تو مفقود الخبر کتاب نہ جانے کتنے دردناک اور اذیت ناک مراحل سے گزری ہوگی اس کا اندازہ ممکن نہیں۔

اور جب کتاب واپس ملنے پر اس کی دگرگوں حالت دیکھ کر آپ کا خون ابال کھاتا ہے تو کتاب واپس نہ ملنے پر کتاب لے کر نہ لوٹانے والوں کے تئیں آپ یقیناً بے شمار "بے نقط القاب" تجویز کرتے ہیں، جن کا اظہار طوالت کے پیش نظر ناممکن ہے۔ کتاب کی واپسی کے پے درپے تقاضوں کے جواب میں کتاب لے کر نہ لوٹانے والے اکثراوقات یہ جملہ کمال معصومیت سے دہراتے ہیں:

"معاف کرنا دوست !بس بھول ہی گیا۔"

لیکن آفرین ہے ان کی یادداشت پر کہ کسی کو دی گئی اپنی ذاتی کتاب ہر حال میں واپس وصول کرنا وہ کبھی فراموش نہیں کرتے۔ پس ثابت ہوتا ہے کہ یہ حضرات پیشہ ور سیاست دانوں کے زمرے سے قریبی تعلق رکھتے ہیں چونکہ سیاست داں عوام سے کیا گیا وعدہ بھلے ہی بھول جائے مگر اپنے مفاد کے حصول سے وہ کبھی غافل نہیں ہوتا۔ لہذا سیاست دانوں سے متعلق جتنے چٹکلے، محاورے اور ناقابل بیان قصے وابستہ ہیں وہ بلا جبر و اکراہ کتاب لے کر نہ لوٹانے والوں سے بھی منسوب کیے جاسکتے ہیں۔

کتاب لے کر نہ لوٹانے والوں سے ہزاروں شکایتیں ایک طرف مگر دوستی بر بنائے وضع داری ہم ان

سے نبھائے جاتے ہیں (نبھانا ہی چاہئے ورنہ پھر دشمن اتنے برے نہیں معلوم ہوتے جتنے کہ وہ دراصل ہوتے ہیں)۔ ایک دفعہ ہم ایسے ہی اپنے ایک دوست کے گھر بیٹھے حسب استطاعت ان سے اپنی کتاب کی واپسی کا رونا رونے کے بعد گپ شپ میں مصروف تھے۔ اسی دم پڑوس کا کوئی لڑکا نازل ہوا، ہمارے دوست نے جلدی سے وہ کٹورا جس میں موجود ایک نئ قسم کی میٹھی ڈش سے ہم کچھ دیر قبل فیض یاب ہو چکے تھے تشکرانہ جملوں کے ساتھ اس لڑکے کے حوالے کر دیا۔ یہ دیکھ کر ہماری ظریفانہ رگ پھڑکی اور ہم نے طنزیہ لہجے میں پوچھا:

"کیوں یار! میری بیشتر کتابوں کی طرح اس خوبصورت نقش و نگار کے جاذب نظر چینی کٹورے پر اپنا غاصبانہ قبضہ کیوں نہ جمایا؟"

ہمارے دوست نے پہلے ہمیں ایک تیکھی مسکراہٹ سے نوازا، چند لمحے غور کیا پھر بولے:

"پہلی بات تو یہ کہ کٹورا کچھ اخلاقی مجبوری اور کچھ پڑوسی کے متوقع جارحانہ مطالبے کے مد نظر فوراً واپس کرنا پڑتا ہے۔ دوم یہ کہ کٹورے کا تعلق ضروریات زندگی سے راست نہیں بلکہ وہ اشیائے باورچی خانہ میں شمار ہوتا ہے۔ جب کہ کتاب راست انسانی زندگی کو متاثر کرتی ہے۔ وہ انسانی دماغ کو سنوارتی، نکھارتی ہے، بے وقوف کو عقلمند بناتی ہے۔"

"بے شک! بجا فرمایا۔"

ہم نے فوراً ٹکڑا لگایا: "جس کے پاس جو چیز نہ ہو وہ اسی میں زیادہ دلچسپی دکھاتا ہے۔"

کتاب لے کر نہ لوٹانے والوں کی ایک قسم اکثر و بیشتر عوامی لائبریری میں بھی پائی جاتی ہے۔ جہاں تازہ ترین کتاب کی دستیابی کی تازہ ترین صورتحال کے متعلق آپ جب بھی دریافت کریں یہی معلوم ہو گا کہ "کتاب گئی ہوئی ہے۔"

کب آئے گی؟

اس سوال کا جواب نہ لائبریرین آپ کو دے سکتا / سکتی ہے۔ نہ دوسرے قارئین۔ لہٰذا آپ اس

ان دیکھے قاری کو جس کا پیشہ ہی بالعموم کتاب لے کر نہ لوٹانے کا ہوتا ہے، ایسے ایسے خطابات سے نوازنے کا ارتکاب کر بیٹھتے ہیں جو دائرہ اخلاق سے باہر اور سنسر کی زد میں آتے ہیں۔

ہمارے ایک دوست ہیں جو اکثر لائبریری سے سلسلہ وار ناول کے حصے ترتیب وار لے آتے ہیں۔ اس سلسلے میں اپنے تلخ تجربوں کا ذکر یوں بیان کیا کہ ناول کے اگلے حصہ کے لئے انہیں کبھی صرف ایک ہفتہ انتظار کرنا پڑا تو کبھی مہینہ بھر وہ دوسرے حصہ کی صورت دیکھنے کو ترس گئے بلکہ بعض اوقات ایسا بھی ہوا کہ مطلوبہ کتاب ڈیڑھ سال تک ان سے کسی بے وفا محبوبہ کی طرح روٹھی رہی۔ ناچار کوفت دور کرنے کی خاطر جب کبھی وہ کسی دوسرے سلسلہ وار ناول کی طرف متوجہ ہوئے تو انکشاف ہوا کہ اس کی تمام جلدیں تو موجود ہیں، بس کچھ نہیں ہے تو وہ ہے ناول کی پہلی جلد!

لہٰذا تھرمامیٹر پر بالائی سطح کی جانب تیز رفتاری سے لپکتے اپنے شعلہ بار ٹمپریچر کا بدلہ ایک دفعہ انہوں نے اس طرح لیا کہ کتاب لے کر نہ لوٹانے والے کے مقابل وہ سیر کو سوا سیر کی عملی تفسیر بن گئے۔ یعنی طویل عرصہ بعد جب ناول کے چوتھے حصہ کی واپسی کے ساتھ پانچویں حصہ کی طلب میں طلبگار وارد ہوا تو ہمارے دوست اس کی نظروں کے عین سامنے پانچواں حصہ طویل ترین مدت کے لئے لے اڑے اور فرد مقابل حیرت اور صدمے کے عالم میں غرق سوچتا رہ گیا کہ اپنے کھودے ہوئے گڑھے میں خود گر پڑنے کا محاورہ شاید اسی طرح کے کسی موقع پر بزرگوں نے ایجاد کیا ہوگا۔

موبائل لائبریری یعنی گشتی کتب خانہ کو آپ نے دیکھا یا اس کے بارے میں سنا ضرور ہوگا۔ کیا آپ کو معلوم ہے کہ بعض کتابوں کے واپس وصول نہ ہونے کا ایک سبب یہ ہے کہ وہ گشتی کتب ہوتی یا کہلاتی ہیں جو ایک ہاتھ سے دوسرے، دوسرے سے تیسرے اس طرح لاتعداد ہاتھوں، بلا معاوضہ اور بنا کسی قانونی حدود کے سفر کرتی ہیں۔ ویسے بعض کتابیں کیوں؟ کہنا چاہئے کہ اردو کی ہر کتاب اپنی ذات میں ایک موبائل لائبریری ہوتی ہے۔ بجز نصابی کتب کے جو یا تو مستقل روی فروض کے ہاں ڈیرا ڈالے رہتی ہیں یا زیور طبع سے آراستہ ہو کر کتب فروشوں کے پاس پہنچنا ان کے نصیب میں

کبھی ہوتا نہیں (بالاتفاق نصیب سنور بھی جائے تو اونچے داموں کے باعث مستحق طلبا کی دسترس میں وہ پھر بھی نہیں آتیں)۔

کتاب لے کر نہ لوٹانے والوں کی بعض اوقات مجبوری یہ ہوتی ہے کہ خود ان کے ہاں سے کتاب کوئی دوسرا پار کر لے جاتا ہے۔ اس کا عملی سابقہ اس طرح پڑا کہ کتاب لے کر نہ لوٹانے کی دانستہ یا نادانستہ عادت سے مجبور ہمارے دوست نے کتاب کی واپسی کے لئے ہمیں دوسرے دوست کے ہاں روانہ کیا، دوسرے نے تیسرے کے پاس اور تیسرے نے چوتھے کے گھر کا دروازہ کھٹکھٹانے کا مشورہ دیا جہاں سے بھی ہم ناکام لوٹے۔ آخر کتاب کی واپسی سے ناامید ہو کر بوریت کے مارے ہم اپنے پڑوسی کے ہاں سے ایک کتاب مطالعے کے لئے مانگ لائے، دوران مطالعہ ایک مخصوص صفحہ پر اپنا نام دیکھ کر اچانک انکشاف ہوا کہ وہ تو ہماری مطلوبہ کتاب ہے جس کی تلاش میں ہم سرگرداں تھے۔ اب پڑوسی لاکھ ہمیں کتاب لے کر نہ لوٹانے والے کا طعنہ دیتا رہے مگر اپنی ہی کتاب ہم دوسرے کو لوٹائیں بھی تو کیوں کر؟

کتاب کی واپسی کی امید میں بے بسی، بیزاری اور بدمزگی جیسے الفاظ سے بخوبی آشنا ہونے کے بعد ایک دن ہم نے سوچا کہ کیوں نہ اپنے دوستوں کو طنز کی کڑوی گولی محبت اور اخلاص کی ظاہری پرت کے ساتھ پیش کی جائے۔ یوں جب بھی ہمارے کسی دوست نے ہماری کوئی کتاب برائے مطالعہ طلب کی تو ہم فوراً کتاب کے اندرونی صفحہ پر یہ چند الفاظ تحریر کر کے بطور ہدیہ ان کی خدمت میں پیش کرنے لگے:

"اپنے عزیز دوست کی خدمت میں خلوص کے ساتھ۔"

مگر معاملہ عجب پلٹا کھا گیا، ہمارے دوست کیا خاک سدھر پاتے اس کے بجائے وہ خود اس مسئلہ میں گرفتار دکھائی دینے لگے، جس کا پہلے پہل ہم شکار تھے۔ تفصیل اس اجمال پر ملال کی یوں ہے کہ

ہمارے ہدیے کی کتابیں اکثر ایسے دوستوں کے کتب خانے کی زینت بنی نظر آئیں جن کی خدمت میں مذکورہ کتب ہم نے پیش نہیں کی تھیں، یعنی "الف" کو دی گئی کتاب کبھی "ب" کے ہاں دستیاب ہوئی تو "ج" کو نذر کی گئی کتاب "د" کے پاس موجود نکلی۔ اور ایک دفعہ تو غضب یہ ہوا کہ تحفتاً پیش کی گئی ایک کتاب ہمیں ایسی جگہ سے دستیاب ہوئی جہاں سے چھٹی کے دن ہم پرانی کتابیں سستے داموں خرید لاتے ہیں۔ اس موقع پر ہم نے وہی نسخہ آزمایا جو ایک مرتبہ مشہور ادیب جارج برنارڈ شا نے اپنایا تھا۔

واقعہ یہ تھا کہ ردی فروش کے ہاں پرانی کتابوں کا ڈھیر کھنگالتے ہوئے اچانک برنارڈ شا کے ہاتھ ایک ایسی کتاب لگی جس کے اندرونی صفحہ پر ہی ان کی ایک مختصر تحریر اور اس کے نیچے ان کے دستخط کے ساتھ چند سالہ پرانی تاریخ درج تھی۔ برنارڈ شا نے کتاب خریدی، پرانی عبارت کے نیچے کچھ لکھا، تازہ تاریخ کے ہمراہ دستخط ثبت کیے اور اپنے اسی دوست چارلس کے نام کتاب ارسال کر دی۔

پرانی تحریر تھی:

"برنارڈ شا کی جانب سے اپنے دوست چارلس کی خدمت میں خلوص کے ساتھ۔"

اور نئی عبارت یوں تراشی گئی:

"برنارڈ شا کی جانب سے اپنے دوست چارلس کی خدمت میں مکرر خلوص کے ساتھ!"

☆☆☆

Kitab ki wapsi. Light-Essay by: Mukarram Niyaz
TaemeerNews, Dated: 5-2-2018

تعمیر نیوز ویب پورٹل سے منتخب شدہ کہانیوں پر مشتمل
مکرم نیاز
کی مرتب کردہ کتاب

کہانیاں کہتے رہو

بین الاقوامی ایڈیشن معروف بک اسٹورس پر دستیاب ہے

تعمیر نیوز ویب پورٹل کے منتخب مضامین

زندگی سیریز

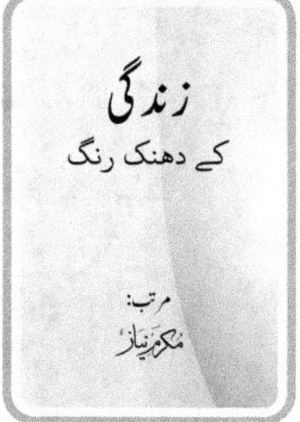

زندگی
کے دھنک رنگ
مرتب:
مکرم نیاز

زندگی
خواہش اور امید
مرتب:
مکرم نیاز

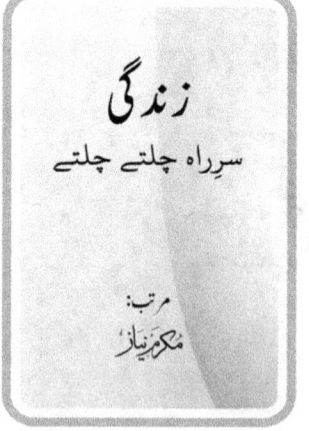

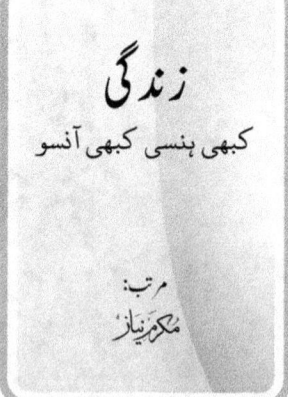

زندگی
کبھی ہنسی کبھی آنسو
مرتب:
مکرم نیاز

زندگی
سرِراہ چلتے چلتے
مرتب:
مکرم نیاز